BIBLIOTHÈQUE NATIONALE.

Département des Imprimés.

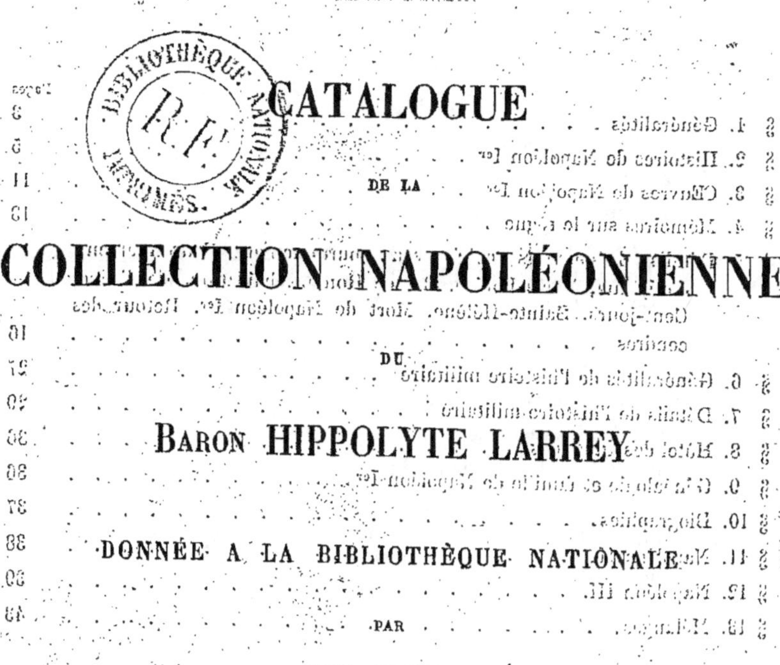

CATALOGUE

DE LA

COLLECTION NAPOLÉONIENNE

DU

Baron HIPPOLYTE LARREY

DONNÉE A LA BIBLIOTHÈQUE NATIONALE

PAR

Mlle DODU

1896

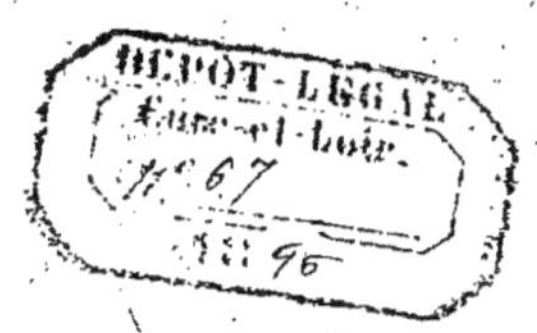

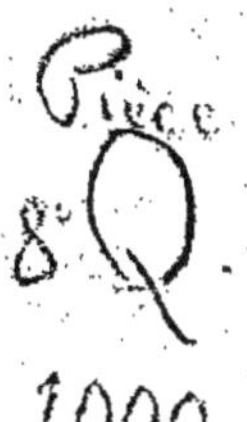

TABLE DES MATIÈRES.

(On a suivi dans les paragraphes 1, 2, 3, 4, 6, 8, 9, 11, 12 et 13 l'ordre alphabétique des noms d'auteurs ou des titres, quand les ouvrages sont anonymes; dans les paragraphes 5 et 7 l'ordre chronologique des événements et dans le paragraphe 10 (biographies) l'ordre alphabétique des noms de personnes.)

BIBLIOTHÈQUE NATIONALE.

Département des Imprimés.

CATALOGUE

DE LA

COLLECTION NAPOLÉONIENNE

DU

Baron HIPPOLYTE LARREY

DONNÉE A LA BIBLIOTHÈQUE NATIONALE

PAR

Mlle DODU

1896

§ 1.

Généralités.

Abrantès (Dchesse d'). — Choix de mémoires et écrits des femmes françaises aux xviie, xviiie et xixe siècles, avec leurs biographies par Mme Carette, née Bouvet. Mme d'Abrantès. — *Paris, P. Ollendorff*, 1892, in-16.

[8° Z. Larrey. **142**

(Collection pour les jeunes filles.)

Abrantès (Dchesse d'). — Mémoires de Mme la Dchesse d'Abrantès, ou Souvenirs historiques sur Napoléon, la révolution, le directoire, le consulat, l'empire et la restauration. — *Paris, Ladvocat*, 1831-1835, 18 tomes en 9 vol. in-8°.

[8° Z. Larrey. **143**

(Le faux titre porte : *Mémoires contemporains*.)

Abrantès (Dchesse d'). — Mémoires secrets de Mme la Dchesse d'Abrantès, ou Souvenirs historiques sur Napoléon, la révolution, le directoire, le consulat, l'empire et la restauration. — *Paris, chez les libraires du Palais-Royal*, 1837, 2 tomes en un vol. in-8°.

[8° Z. Larrey. **144**

Bertin (Ernest). — La Société du consulat et de l'empire, par Ernest Bertin,... — *Paris, Hachette*, 1890, in-16.

[8° Z. Larrey. **182**

Capefigue. — L'Europe pendant le consulat et l'empire de Napoléon, par M. Capefigue,... (15 juin 1839.) — *Paris, Pitois-Levrault*, 1840, 10 vol. in-8°.

[8° Z. Larrey. **228**

Césena (Amédée de). — Les Césars et les Napoléons, par M. Amédée de Césena. — *Paris, Amyot*, 1856, in-8°.

[8° Z. Larrey. **233**

Collin de Plancy (J.). — La Vie et les légendes intimes des deux empereurs, Napoléon Ier et Napoléon II, jusqu'à l'avènement de Napoléon III, par J. Collin de Plancy. — *Paris, H. Plon*, 1867, in-8°.

[8° Z. Larrey. **251**

Cunéo d'Ornano (Gustave). — Gustave Cunéo d'Ornano. La République de Napoléon. (14 juillet 1894.) — *Paris, P. Ollendorff*, 1894, in-18.
[8° Z. Larrey. **266**

Dalmas (De). — Pensées napoléoniennes, extraites des œuvres, discours, écrits de Napoléon Ier, de Napoléon III et du prince Napoléon, par M. de Dalmas. — *Paris, Dentu*, 1883, in-8°.
[8° Z. Larrey. **528**

Dumouriez (Général). — Mémoires du général Dumouriez, écrits par lui-même. Première partie. — *Paris, Michel*, an III, in-12. [8° Z. Larrey. **290**

Huard (Adolphe). — Histoire illustrée du consulat et de l'empire, par Adolphe Huard,... — *Paris, C. Albessard et Bérard*, 1862, in-16.
[8° Z. Larrey. **377**

Lacretelle (Ch. de). — Histoire du consulat et de l'empire, par M. Ch. de Lacretelle,... — *Paris, Amyot*, 1846-1848, 6 tomes en 3 vol. in-8°.
[8° Z. Larrey. **407**

Meaux (Vte de). — La Révolution et l'empire, 1789-1815, étude d'histoire politique, par le Vte de Meaux. 2e édition. — *Paris, Didier*, 1868, in-16.
[8° Z. Larrey. **472**

Michelet (J.). — J. Michelet. Histoire du XIXe siècle. Directoire. Origine des Bonaparte. (1er janvier 1872.) — *Paris, Germer-Baillière*, 1872, in-8°.
[8° Z. Larrey. **482**

Perrot (A.-M.). — Itinéraire général de Napoléon, chronologie du consulat et de l'empire, indiquant jour par jour, pendant toute sa vie, le lieu où était Napoléon, ce qu'il y a fait et les événements qui se rattachent à son histoire, suivi d'un dictionnaire géographique napoléonien, contenant tous les lieux parcourus par Napoléon,... par A.-M. Perrot,... — *Paris, Bister*, 1845, in-8°. [8° Z. Larrey. **560**

Raballet de Champlaurier (J.). — Les Napoléon, histoire nationale et populaire des deux premiers empereurs de la dynastie, par J. Raballet de Champlaurier. — *Paris, Dauvin*, 1854, in-18. [8° Z. Larrey. **595**

Rapp (Général). — Mémoires des contemporains pour servir à l'histoire de la république et de l'empire. Première livraison. — *Paris, Bossange frères*, 1823, in-8°. [8° Z. Larrey. **599**
(Mémoires du général Rapp, aide de camp de Napoléon, écrits par lui-même et publiés par sa famille.)

Saint-Elme (Ida). — Mémoires d'une contemporaine, ou Souvenirs d'une femme sur les principaux personnages de la république, du consulat, de l'empire, etc.,... 2e édition. — *Paris, Ladvocat*, 1827-1828, 8 vol. in-8°.
[8° Z. Larrey. **636**
(Par Ida Saint-Elme, d'après Quérard.)

Sor (Mme Charlotte de). — Le duc de Bassano, souvenirs intimes de la révolution et de l'empire, recueillis et publiés par Mme Charlotte de Sor. — *Paris, L. de Potter*, 1843, 2 tomes en un vol. in-8°. [8° Z. Larrey. **662**

Thibaudeau (A.-C.). — Le Consulat et l'empire, ou Histoire de la France et de Napoléon Bonaparte de 1799 à 1815, par A.-C. Thibaudeau. — *Paris, J. Renouard*, 1834-1835, 10 vol. in-16.
[8° Z. Larrey. **678**

Thibaudeau (A.-C.). — Mémoires sur le Consulat, 1799 à 1804, par un ancien conseiller d'État. — *Paris, Ponthieu*, 1827, in-8°. [8° Z. Larrey. **681**
(Par A.-C. Thibaudeau, d'après Barbier.)

Thiers (A.). — Histoire du consulat et de l'empire, faisant suite à l' « Histoire de la révolution française », par M. A. Thiers. — *Paris, Paulin*, 1845-1862, 20 vol. in-8°. [8° Z. Larrey. **683**

Thiers. — Vignettes et portraits pour le Consulat et l'empire. Dessins par Raffet. — *Paris, Furne*, 1845, in-4°.
[4° Z. Larrey. **130**

Thiers. — Vignettes et portraits pour l' « Histoire du consulat et de l'empire » de M. Thiers, soixante planches sur acier dessinées par MM. Karl Girardet, Eugène Charpentier, A. Sandoz, Massard, gravées par MM. Beyer, Colin, Geoffroy, Girardet, Goutière, Hopwood, Outhwaite, Pannier, Tavernier, Vallot. — *Paris, Paulin*, 1850, in-4°. [4° Z. Larrey. **131**

Titres (Les) de la dynastie napoléonienne. — *Paris, Imp. impériale*, 1868, gr. in-8°. [4° Z. Larrey. **133**

Vossier (Athanase). — Le Drapeau de la gloire, poème des immortels, dédié aux armées françaises... par Athanase Vossier,... — *Paris, imp. de P. Cordier*, 1857, in-16.

[8° Z. Larrey. **701**

§ 2.

Histoires de Napoléon Ier.

Ader (J.-J.). — Napoléon devant ses contemporains. — *Paris, Baudouin frères*, 1826, in-8°. [8° Z. Larrey. **147**

(Par J.-J. Ader, d'après Barbier.)

Arnault (A.-V.). — Vie politique et militaire de Napoléon, par A.-V. Arnault,... ouvrage orné de planches lithographiées, d'après les dessins originaux des premiers peintres de l'école française... — *Paris, E. Babeuf*, 1822, 2 vol. gr. in-fol. [Gr. fol. Z. Larrey. **4**

Auger (Victor). — L'Empereur, par Victor Auger. — *Paris, Garnier frères*, 1853, in-16. [8° Z. Larrey. **154**

Bachelet.—Histoire de Napoléon Ier, par Bachelet. — *Rouen, Mégard*, 1868, in-12. [8° Z. Larrey. **155**

(Le faux titre porte : *Bibliothèque morale de la jeunesse*.)

Bailleul (J.-C.). — Etudes sur l'histoire de Napoléon, par J.-C. Bailleul,... — *Paris, Renard*, 1828-octobre 1832, 2 tomes en un vol. in-8°.

[8° Z. Larrey. **158**

Balzac (Honoré de). — Histoire de l'empereur, racontée dans une grange par un vieux soldat, et recueillie par M. de Balzac,... — *Paris, J.-J. Dubochet*, 1842, in-16. [8° Z. Larrey. **160**

Barni (Jules). — Napoléon et son historien M. Thiers, par Jules Barni,... (4 mai 1865.) — *Genève, chez les principaux libraires*, 1865, in-12.

[8° Z. Larrey. **165**

Beauterne (Le chevalier de).—L'Enfance de Napoléon depuis sa naissance jusqu'à sa sortie de l'Ecole militaire, par le chevalier de Beauterne. — *Paris, Olivier-Fulgence*, 1846, in-12.

[8° Z. Larrey. **174**

Bégin (Emile). — Histoire de Napoléon, de sa famille et de son époque, au point de vue de l'influence des idées napoléoniennes sur le monde, par Emile Bégin,... — *Paris, Plon frères*, 1853-1854, 5 vol. in-8°.

[8° Z. Larrey. **175**

Belloc (Mme Louise Swanton-). — Bonaparte et les Grecs, par Mme Louise Sw.-Belloc. Suivi d'un tableau de la Grèce en 1825, par le Cte Pecchio. — *Paris, U. Canel*, 1826, in-8°.

[8° Z. Larrey. **674**

Belly (F.-E.). — Napoléon, ses exploits et sa mort, poème élégia-héroïque en douze chants, par F.-E. Belly. — *Paris, Ladvocat*, 1830, in-8°.

[8° Z. Larrey. **177**

Beyle (Henry). — Vie de Napoléon, fragments, par de Stendhal (Henry Beyle). (4 avril 1845.) — *Paris, C. Lévy*, 1876, in-18. [8° Z. Larrey. **184**

(Le faux titre porte : *Œuvres posthumes de Stendhal*.)

Blanchet (Mathurin). — Histoire populaire de l'empereur Napoléon Ier, racontée par Mathurin Blanchet, ancien volontaire de 1814... mise en ordre et publiée par A. Labutte. — *Paris, C. Lahure*, 1868, in-16.

[8° Z. Larrey. **186**

Bonaparte (Napoléon-Joseph-Charles-Paul). — Napoléon et ses détracteurs, par le prince Napoléon. (15 août 1887.) — *Paris, C. Lévy*, 1887, in-18.

[8° Z. Larrey. **533**

Bordot (G.). — Histoire de l'empereur Napoléon Ier, par M. G. Bordot. — *Paris, librairie centrale de la société de Saint-Victor pour la propagation des bons livres*, 1853, in-12.

[8° Z. Larrey. **210**

Bourg (Edmond-Théodore). — Napoléon considéré comme général, premier consul, empereur, prisonnier à l'île d'Elbe et à Ste-Hélène, ou vie impartiale de ce grand capitaine, par M. Saint-Edme. — *Paris, Plancher*, 1821-1822, 2 tomes en un vol. in-8°.

[8° Z. Larrey. **213**

(Saint-Edme est le pseudonyme de Edmond-Théodore Bourg, d'après Quérard.)

Brasseux aîné. — Catalogue des médailles de l'histoire numismatique de Napoléon, comme général, consul et empereur, frappées à la Monnaie de Paris, depuis la bataille de Montenotte en 1796 jusqu'à nos jours, en vente chez Brasseux aîné... — *(Paris,) Brasseux aîné*, 1840, in-8°.

[8° Z. Larrey. **216**

Chambure (Auguste de). — Napoléon et ses contemporains, suite de gravures représentant des traits d'héroïsme, de clémence, de générosité, de popularité, avec texte, publiée par Auguste de Chambure. — *Paris, Bossange père*, 1824, in-4°.   [4° Z. Larrey. **58**

Chaptal (Cᵗᵉ). — Mes Souvenirs sur Napoléon, par le Cᵗᵉ Chaptal, publiés par son arrière-petit-fils, le Vᵗᵉ An. Chaptal,... — *Paris, E. Plon, Nourrit et Cᵗᵉ*, 1893, in-8°.   [8° Z. Larrey. **238**

Chas (J.). — Tableau historique et politique des opérations militaires et civiles de Bonaparte, premier consul de la république française... par J. Chas,... — *Paris, A. Bertrand*, an X-1801, in-8°.   [8° Z. Larrey. **239**

(Un autre exemplaire : 8° Z. Larrey. 240.)

Chennechot. — Histoire de la vie politique, militaire et privée de Napoléon Bonaparte, par Chennechot, précédée de notices biographiques sur ses fidèles compagnons d'infortune, le grand-maréchal Bertrand, le général Gourgaud, le Cᵗᵉ de Las Cases et le général Montholon, suivie de son testament... — *Paris, l'auteur*, 1825, in-8°.

[8° Z. Larrey. **243**

Chopin (J.-M.), **Leynadier.** — Histoire civile, politique et privée de Napoléon, du roi de Rome... et de la famille Bonaparte, précédée d'un coup d'œil rétrospectif sur la république, le consulat, l'empire, terminée par l'histoire des maréchaux de France, par J.-M. Chopin et Leynadier, avec une étude sur l'empire par Viennet,... — *Paris, P.-H. Krabbe*, 1851, 6 vol. in-8°.

[8° Z. Larrey. **244**

Constant. — Mémoires de Constant, premier valet de chambre de l'empereur, sur la vie privée de Napoléon, sa famille et sa cour. — *Paris, Ladvocat*, 1830, 6 tomes en 3 vol. in-8°.

[8° Z. Larrey. **253**

Coston (Bᵒⁿ de). — Biographie des premières années de Napoléon Bonaparte, c'est-à-dire depuis sa naissance jusqu'à l'époque de son commandement en chef de l'armée d'Italie, avec un appendice renfermant des documents ou inédits ou peu connus postérieurs à cette époque, par M. le Bᵒⁿ de Coston,... — *Paris, M. Aurel frères*, 1840, 2 vol. in-8°.   [8° Z. Larrey. **258**

Couronne poétique de Napoléon. Hommage de la poésie à la gloire (14 décembre 1840). — *Paris, Amyot*, 1840, in-12.   [8° Z. Larrey. **259**

Cousin d'Avallon. — Bonapartiana, ou Recueil choisi d'anecdotes, de traits sublimes, de bons mots, de saillies, de pensées ingénieuses, de réflexions profondes de Napoléon Bonaparte, avec un aperçu des actions les plus belles et les plus éclatantes de sa vie, par Cousin d'Avalon. 2ᵉ édition, revue et augmentée. — *Paris, Corbet aîné*, 1831, in-32.   [8° Z. Larrey. **261**

Cousin d'Avallon. — Hauts Faits, actes et paroles mémorables de Napoléon, général, consul, empereur et prisonnier de la sainte-alliance... Suivi d'un tableau indiquant, dans chaque mois et à leur jour, la date des actions où il commanda en personne, par le Bᵒⁿ Lh***. — *Paris, Corbet aîné*, 1841, in-12.   [8° Z. Larrey. **262**

(Attribué à Cousin d'Avallon par Quérard et Barbier.)

Cunningham (A.). — Anecdotes of Napoleon Bonaparte and his times, compiled from every authentic source, by A. Cunningham,... — *London, C. Daly*, (s. d.,) in-32. [8° Z. Larrey. **267**

Dangeais (Ch.), Cᵗᵉ d'Oguereau. — Mémoires historiques et inédits sur la vie politique et privée de l'empereur Napoléon, depuis son entrée à l'école de Brienne jusqu'à son départ pour l'Egypte, par le Cᵗᵉ Charles d'Og.,... — *Paris, A. Corréard*, 1822, in-8°.

[8° Z. Larrey. **268**

(Par Charles Dangeais, Cᵗᵉ d'Oguereau, d'après une note manuscrite, confirmée par Barbier. — L'introduction est signée : *Alexandre Barginet*.)

Dayot (Armand). — Armand Dayot, ... Napoléon raconté par l'image, d'après les sculpteurs, les graveurs et les peintres. — *Paris, Hachette*, 1895, gr. in-8°.   [4° Z. Larrey. **89**

Delandine de Saint-Esprit. — Histoire de Napoléon, par M. Délandine de Saint-Esprit,... — *Paris, Mallet*, 1841, 2 vol. in-12.
[8° Z. Larrey. **274**

Du Casse (A.). — Histoire anecdotique de l'empereur Napoléon Ier, par A. Du Casse,... — *Paris, P. Dupont*, 1867, in-18. [8° Z. Larrey. **287**

Dumas (Alexandre). — Napoléon, par Alexandre Dumas. Avec douze portraits en pied, gravés sur acier par les meilleurs artistes, d'après les peintures et les dessins de Horace Vernet, Tony Johannot, Isabey, Jules Boilly, etc. — *Paris, au Plutarque français*, 1840, gr. in-8°. [4° Z. Larrey. **92**

Durand (La générale). — Mémoires sur Napoléon et Marie-Louise, 1810-1814, par la générale Durand,... 3e édition. — *Paris, C. Lévy*, 1886, in-12.
[8° Z. Larrey. **292**

Durand (La générale). — Mémoires sur Napoléon, l'impératrice Marie-Louise et la cour des Tuileries, avec des notes critiques faites par le prisonnier de Sainte-Hélène, par Mme Vve du général Durand, première dame de l'impératrice Marie-Louise (de 1810 à 1814). — *Paris, Ladvocat*, 1828, in-8°.
[8° Z. Larrey. **291**

Durand (La générale). — Mes Souvenirs sur Napoléon, sa famille et sa cour, par Mme Vve du général Durand, ... — *Paris, l'auteur*, 1819, 2 tomes en un vol. in-12. [8° Z. Larrey. **293**

Dux et consul. (Recueil de 33 planches gravées au trait, représentant des médailles frappées en mémoire de divers événements de la vie de Bonaparte jusqu'en 1800.) — *(S. l.,)* (s. d.,) in-8°, oblong.
[Département des estampes. Pb. **35** a

Edmond-Blanc (Amédée). — Napoléon Ier, ses institutions civiles et administratives, par Amédée-Edmond Blanc. — *Paris, E. Plon*, 1880, in-8°.
[8° Z. Larrey. **295**

Esparbès (Georges d'). — Georges d'Esparbès. La Légende de l'aigle (poème épique en vingt contes). — *Paris, E. Dentu*, 1893, in-18.
[8° Z. Larrey. **297**

Fac-similé de l'écriture de Napoléon Bonaparte à différentes époques de sa vie. Extrait de l'« Isographie des hommes célèbres », recueil de lettres autographes de personnages remarquables de différents siècles et de divers pays. — *Paris, 21, rue Neuve-des-Mathurins*, 1829, in-fol. Pièce.
[Fol. Z. Larrey. **29**
(La couverture imprimée sert de titre.)

Fadeville. — Histoire populaire de Napoléon Ier, par Fadeville,... Réfutation des reproches adressés à Napoléon Ier... 2e édition, revue et augmentée de documents nouveaux. — *Paris, D. Giraud*, 1853, in-18.
[8° Z. Larrey. **302**

Farcy (François-Charles). — Simple Histoire de Napoléon, d'après les notes et mémoires de MM. Las Cases, de Ségur, Fain, Norvins, Tissot, Bignon et autres historiens de l'empire... — *Paris, Béthune et Plon*, 1840, 4 tomes en un vol. in-32. [8° Z. Larrey. **307**
(Par François-Charles Farcy, d'après Barbier.)

Fayet (Victor). — Poésies napoléoniennes, par Victor Fayet. — *Paris, de Lossy*, 1838, in-8°. [8° Z. Larrey. **310**

Fournier (Dr Auguste). — Napoléon I, eine Biographie von Dr August Fournier,... (31 Dezember 1885.) — *Leipzig, G. Freytag*, 1886-1889, 3 vol. in-16. [8° Z. Larrey. **329**
(Le faux titre porte : *Das Wissen der Gegenwart, deutsche Universal-Bibliothek für Gebildete.*)

Gabourd (Amédée). — Histoire de Napoléon Bonaparte, par Amédée Gabourg. (Septembre 1842.) — *Tours, A. Mame*, 1843, in-8°. [8° Z. Larrey. **333**
(Le faux titre porte : *Bibliothèque de la jeunesse chrétienne.*)

Gabourd (Amédée). — Histoire de Napoléon Ier, par Amédée Gabourd. 6e édition. — *Tours, A. Mame*, 1857, in-8°. [8° Z. Larrey. **334**
(Le faux titre porte : *Bibliothèque de la jeunesse chrétienne.*)

Gallois (Léonard). — Histoire de Napoléon d'après lui-même, publiée par Léonard Gallois. 2e édition, revue, augmentée et ornée de deux portraits. — *Paris, C. Béchet*, 1825, in-8°.
[8° Z. Larrey. **336**

Grandmougin (Charles). — Charles Grandmougin. L'Empereur (1807-1821), drame épique en vers, en quatre actes et treize tableaux. — *Paris, J. Rouam,* 1893, in-8°.   [8° Z. Larrey. **348**

(Représenté pour la première fois le 15 novembre 1893, au Théâtre-des-Poètes.)

Guillois (Antoine). — Napoléon, l'homme, le politique, l'orateur, d'après sa correspondance et ses œuvres, par Antoine Guillois. (Décembre 1888.) — *Paris, Perrin,* 1889, 2 vol. in-8°.   [8° Z. Larrey. **365**

Histoire de Napoléon Bonaparte depuis sa naissance jusqu'à sa deuxième abdication... — *Paris, Barba,* (s. d.,) 4 vol. in-12.   [8° Z. Larrey. **369**

Histoire populaire de Napoléon Ier, suivie des anecdotes impériales sur sa vie privée et sur les principaux personnages de son époque, par un ex-officier de la vieille garde... — *Paris, E. Pick,* 1855, in-8°.   [8° Z. Larrey. **371**

Hugo (A.). — Histoire de l'empereur Napoléon, par A. Hugo,... — *Paris, Perrotin,* 1833, in-8°.   [8° Z. Larrey. **379**

Iung (Th.). — Bonaparte et son temps, 1769-1799, d'après les documents inédits, par Th. Iung,... 2e édition. (11 janvier 1879.) — *Paris, G. Charpentier,* 1880-1885, 3 vol. in-16.   [8° Z. Larrey. **400**

(Le titre du tome III porte : 3e *édition.*)

Laurent (P.-M.), de l'Ardèche. — Histoire de l'empereur Napoléon, par P.-M. Laurent, de l'Ardèche. Illustrée par Horace Vernet. — *Paris, J.-J. Dubochet,* 1839, gr. in-8°.   [4° Z. Larrey. **107**

Lescure (De). — M. de Lescure. Napoléon et sa famille, 1769-1821, étude historique, politique et morale. Orné de 12 gravures sur acier d'après les dessins de MM. A. Dumaresq et Léopold Flameng. — *Paris, P. Ducrocq,* 1868, gr. in-8°.   [4° Z. Larrey. **109**

Lévy (Arthur). — Arthur Lévy. Napoléon intime. (1er septembre 1892.) — *Paris, E. Plon, Nourrit et Cie,* 1893, in-8°.   [8° Z. Larrey. **441**

Lorquet (H.-L.). — Napoléon, poème en dix chants, par H.-L. Lorquet,... précédé d'une notice historique (par E. Dutilleul). Nouvelle édition, revue, corrigée et augmentée par l'auteur. — *Paris, Gaultier-Laguionie,* 1840, in-8°.   [8° Z. Larrey. **447**

Lorquet (H.-L.). — Napoléon, poème historique en dix chants, par Joseph Bonaparte, frère aîné de l'empereur, précédé d'une notice sur l'enfance et la jeunesse du héros, suivi des Cendres de Napoléon et de quelques autres poésies sur son exil et sur sa mort, par Th. Villenave fils. — *Paris, A. Gardembas,* 1840, in-8°.   [8° Z. Larrey. **446**

(D'après Quérard, le véritable auteur est Lorquet.)

Lorquet (H.-L.). — Napoleone, poema in dieci canti. — *Londres, imp. de T. Brettell,* 1833, 2 vol. in-8°.   [8° Z. Larrey. **541**

(Poème de H.-L. Lorquet, traduit en vers italiens par S.-E. Petroni, avec le texte français en regard.)

Lurine (Louis). — Histoire de Napoléon racontée aux enfants petits et grands, par Louis Lurine,... — *Paris, G. Kugelmann,* 1844, in-16.   [8° Z. Larrey. **454**

Marandet (J.). — Enfance de Napoléon Ier, par J. Marandet. — *Paris, E. Mellier,* 1857, in-12.   [8° Z. Larrey. **458**

Martin, de Gray. — Histoire de Napoléon, par M. Martin, de Gray,... — *Paris, Amyot,* (s. d.,) 3 vol. in-8°.   [8° Z. Larrey. **463**

Masson (Frédéric). — Frédéric Masson. Napoléon chez lui. La journée de l'empereur aux Tuileries. Illustrations par F. de Myrbach. (Mars 1894.) — *Paris, Dentu,* (1894,) in-8°.   [8° Z. Larrey. **467**

Masson (Frédéric). — Frédéric Masson. Napoléon et les femmes. I. L'amour. 5e édition. (15 août 1893.) — *Paris, P. Ollendorff,* 1894, in-8°.   [8° Z. Larrey. **468**

Meneval (Bon de). — Napoléon et Marie-Louise, souvenirs historiques de M. le Bon de Meneval,... 2e édition, corrigée et augmentée. — *Paris, Amyot,* 1844-1845, 3 vol. in-12.   [8° Z. Larrey. **476**

Michel fils aîné. — Histoire de Napoléon, publiée par Michel fils aîné. — *Paris, Tamisey,* (s. d.,) in-12. Pièce.
[8° Z. Larrey. **481**

(Le titre de départ, page 1, porte : *Histoire chronologique de Napoléon.*)

Napoléon et le peuple, histoire complète de l'empereur Napoléon, dédiée aux gardes nationales et à l'armée françaises. — *Paris, O. Le Clere,* 1841, in-12. [8° Z. Larrey. **535**

Napoléon, sa naissance, son éducation, sa carrière militaire, son gouvernement, sa chute, son exil et sa mort, par M. C*****. — *Paris, H. Vauquelin,* 1821, in-12. [8° Z. Larrey. **539**

Nasica (T.). — Mémoires sur l'enfance et la jeunesse de Napoléon jusqu'à l'âge de vingt-trois ans, précédés d'une notice historique sur son père, par T. Nasica,... dédiés à S. A. I. le prince président, par l'abbé Nasica. (15 avril 1852.) — *Paris, Ledoyen,* 1852, in-8°. [8° Z. Larrey. **542**

O' Méara (Barry E.). — Documents particuliers (en forme de lettres) sur Napoléon Bonaparte, sur plusieurs de ses actes jusqu'ici inconnus ou mal interprétés, ainsi que sur le caractère de différents personnages qui ont marqué sous son règne... d'après des données fournies par Napoléon lui-même et par des personnes qui ont vécu dans son intimité... — *Paris, Plancher,* 1819, in-8°. [8° Z. Larrey. **421**

(Par Barry E. O' Méara, d'après Barbier.)

Pérès (J.-B.). — Comme quoi Napoléon n'a jamais existé, ou grand Erratum, source d'un nombre infini d'errata à noter dans l'histoire du XIXᵉ siècle, par feu M. J.-B. Pérès,... — *Paris, 33, rue des Saints-Pères,* (s. d.,) in-12. Pièce.
[8° Z. Larrey. **557**

Peretti (Abbé L.-C. de). — Bonaparte, ou la France sauvée, poème en vingt-quatre chants, par l'abbé L.-C. de Peretti,... — *Paris, Maillet-Schmitz,* 1858, in-8°. [8° Z. Larrey. **558**

Petroni (Stefano-Egidio). — Napoleonide, di Stefano-Egidio Petroni. — *Napoli, nella stamperia francese,* 1809, in-4°. [4° Z. Larrey. **120**

Petroni (Stefano-Egidio). — La Napoléonide, ou les Fastes Napoléon, ouvrage italien de M. Petroni, traduit en français par M. Tercy. Les notes littéraires, historiques, etc..., sont de M. Biagioli,... — *(S. l.,)* (s. d.,) in-fol.
[Fol. Z. Larrey. **32**

(Texte italien en regard de la traduction française.)

Peyre (Roger). — Roger Peyre. Napoléon Iᵉʳ et son temps, histoire militaire, gouvernement intérieur, lettres, sciences et arts, ouvrage illustré de 13 planches en couleur et 431 gravures et photogravures d'après les documents de l'époque et les monuments de l'art ... — *Paris, Firmin-Didot,* 1888, gr. in-8°. [4° Z. Larrey. **121**

Philippe (Albertine). — Le Nid de l'aigle, souvenir de la mansarde du quai Conti, par Albertine Philippe. — *Paris, Joux,* 1854, in-8°. Pièce.
[8° Z. Larrey. **562**

(La couverture imprimée sert de titre.)

Quinet (Edgar). — Napoléon, poème, par Edgar Quinet. 2ᵉ édition. — *Paris, A. Dupont,* 1836, in-8°.
[8° Z. Larrey. **593**

Raudot. — Napoléon Iᵉʳ peint par lui-même, par M. Raudot,... — *Paris, E. Dentu,* 1865, in-12.
[8° Z. Larrey. **600**

Recueil choisi d'actions héroïques et faits mémorables de Bonaparte premier consul. — *Paris, Laurens jeune,* an X (1802), in-16. [8° Z. Larrey. **601**

(Nouvelle Bibliothèque de société, portative et amusante, ou répertoire curieux à l'usage des gens d'esprit et de bonne société. Tome II. — Paginé 89-192.)

Regnault (Elias). — Histoire de Napoléon, par Elias Regnault,... — *Paris, Perrotin,* 1846; 4 vol. in-16.
[8° Z. Larrey. **615**

Rocquain (Félix). — Napoléon Iᵉʳ et le roi Louis, d'après les documents conservés aux Archives nationales, par Félix Rocquain. — *Paris, Firmin-Didot,* 1875, in-8°. [8° Z. Larrey. **538**

Saint-Hilaire (Emile Marco de). — Les Habitations napoléoniennes à Paris, par Emile Marco de Saint-Hilaire, ... Première partie. (Juillet 1843.) — *Paris, Baudry,* 1844, in-8°.
[8° Z. Larrey. **638**

Saint-Hilaire (Emile Marco de). — Histoire populaire, anecdotique et pittoresque de Napoléon et de la grande armée, par Emile Marco de Saint-Hilaire,... illustrée par Jules David. — *Paris, G. Kugelmann*, 1843, gr. in-8°.
[4° Z. Larrey. **127**

Saint-Hilaire (Emile Marco de). — Maître Pierre, ou le Savant de village, entretiens sur la vie de Napoléon, depuis sa naissance jusqu'à sa mort, recueillis par M. Emile Marco de Saint-Hilaire,... — *Paris, Pitois - Levrault,* 1839, 2 tomes en un vol. in-18.
[8° Z. Larrey. **640**

Saint-Hilaire (Emile Marco de). — Napoléon au bivouac, aux Tuileries et à Sainte-Hélène, anecdotes inédites sur la famille et la cour impériale, par Emile Marco de Saint-Hilaire,... — *Paris, C. Warée*, 1845, in-16.
[8° Z. Larrey. **642**

Saint-Hilaire (Emile Marco de). — Napoléon au conseil d'Etat, par Emile Marco de Saint-Hilaire. — *Paris, V. Magen*, 1843, 2 tomes en un vol. in-8°.
[8° Z. Larrey. **643**

Saint-Ouën (Mᵐᵉ L. de). — Histoire de Napoléon, accompagnée d'un tableau mnémonique des principaux événements de sa vie, par Mᵐᵉ L. de Saint-Ouën,... 2ᵉ édition. — *Paris, A.-J. Dénain*, 1833, in-8°. [8° Z. Larrey. **650**

Seeley (John Robert). — A short History of Napoleon the First, by John Robert Seeley,... Third thousand. — *London, Seeley*, 1886, in-16.
[8° Z. Larrey. **654**

Seeley (John Robert). — Courte Histoire de Napoléon Iᵉʳ, suivie d'un Essai sur sa personnalité et sa carrière, par J. R. Seeley,... Traduit de l'anglais par J.-B. Baille,... — *Paris, A. Colin*, 1887, in-12. [8° Z. Larrey. **655**

Silvagni (Umberto). — Umberto Silvagni,... Napoleone Bonaparte e i suoi tempi, con documenti e lettere inedite dell' imperatore, ritratti, numerosi schizzi ed indice alfabetico dei nomi propri. Parte prima. La rivoluzione (da Luigi XIV al 18 brumaio). (Gennaio 1893.) — *Roma, Forzani*, 1894-1895, 2 vol. in-8°. [8° Z. Larrey. **658**

Thévenot (A.). — L'Epopée de l'empire, poème, par A. Thévenot,... (25 janvier 1844.) — *Paris, Broteau*, 1844, in-8°. [8° Z. Larrey. **677**

Thézan (Denis de). — Napoléon, poème, par Denis de Thézan. (22 mai 1840.) — *Melun, L. Michelin*, 1840, in-8°. Pièce. [8° Z. Larrey. **317**

Thibaudeau (A.-C.). — Histoire générale de Napoléon Bonaparte, de sa vie privée et publique, de sa carrière politique et militaire, de son administration et de son gouvernement, par l'auteur des « Mémoires sur le consulat » (A.-C. Thibaudeau). — *Paris, Ponthieu*, 1827-1828, in-8°.
[8° Z. Larrey. **680**

Guerre d'Italie (tomes I et II).
Guerre d'Egypte (2 vol.).

Tissot (P.-F.). — Histoire de Napoléon, rédigée d'après les papiers d'Etat, les documents officiels, les mémoires et les notes secrètes de ses contemporains, suivie d'un précis sur la famille Bonaparte. L'ouvrage, orné de portraits et plans, est précédé de réflexions générales sur Napoléon, par M. P.-F. Tissot,... — *Paris, Delange-Taffin*, 1833, 2 vol. in-8°.
[8° Z. Larrey. **685**

Touchard-Lafosse (G.), **Saint-Amant** (J.-S.). — Précis de l'histoire de Napoléon, du consulat et de l'empire, avec les réflexions de Napoléon lui-même sur les principaux événements et les personnages les plus importants de son époque, suivi d'un examen politique et littéraire des ouvrages qui se rattachent le plus immédiatement à l'histoire de Napoléon, par MM. G. Touchard-Lafosse,... et J.-S. Saint-Amant. — *Paris, A. Thoisnier-Desplaces*, 1825, in-8°.
[8° Z. Larrey. **688**

Un Million de curiosités napoléoniennes, histoires drôlatiques de Napoléon Iᵉʳ. Comme quoi Napoléon n'a jamais existé, etc. Par Balzac, A. Tousez, F. Soulié, J.-B. Pérès, etc. — *Paris, Passard*, (s. d.,) in-32.
[8° Z. Larrey. **689**
(Le faux titre porte : *Petite Encyclopédie récréative*.)

Vie de Napoléon, rédigée par une Société de gens de lettres sur les nouveaux documents dictés et corrigés à Stᵉ-Hélène par Napoléon même, ouvrage orné de planches lithographiées d'après les premiers peintres de l'école française par Madou. — *Bruxelles, Jobard*, 1827, 2 vol. in-4° oblong.
[4° Z. Larrey. **135**

Vitu (Auguste). — La Mansarde de Bonaparte au quai Conti, par Auguste Vitu. — *Nogent-le-Rotrou, imp. de Daupeley-Gouverneur*, 1885, in-8°. Pièce.
[8° Z. Larrey. **700**

(Extrait du *Bulletin de la Société de l'histoire de Paris et de l'Ile-de-France*, novembre-décembre 1884.)

Vivien (L.). — Histoire de Napoléon et de l'empire, par L. Vivien. Introduction. Napoléon depuis sa naissance jusqu'au 18 brumaire. Consulat, empire, cent-jours; Napoléon à Sainte-Hélène. — *Paris, Pourrat frères*, 1844, 2 tomes en un vol. gr. in-8°.
[4° Z. Larrey. **136**

Watteville (Bon Oscar de). — A propos d'une Bibliographie napoléonienne, par le Bon Oscar de Watteville,... — *Paris, E. Lechevallier*, 1894, in-8°. Pièce. [8° Z. Larrey. **704**

(Extrait de la *Revue de la France moderne*, mars 1894.)

§ 3.

Œuvres de Napoléon Ier.

Beauterne (Le chevalier de). — Conversations religieuses de Napoléon, avec des documents inédits de la plus haute importance, où il révèle lui-même sa pensée intime sur le christianisme, et des lettres de MM. le cardinal Fesch, Montholon, Hudson Lowe et Marchant, ... par M. le ch^er de Beauterne. — *Paris, l'auteur*, 1841, in-8°.
[8° Z. Larrey. **173**

Bonaparte (Prince et princesse Jérôme), **Napoléon Ier**, **Frédéric** de Wurtemberg. — Briefwechsel der Königin Katharina und des Königs Jérome von Westphalen, sowie des Kaisers Napoléon 1 mit dem König Friedrich von Württemberg, herausgegeben von Dr August von Schlossberger,... — *Stuttgart, W. Kohlhammer*, 1886-1887, 2 tomes en un vol. in-8°. [8° Z. Larrey. **231**

(Correspondance de Catherine et de Jérôme de Westphalie, de Napoléon Ier et de Frédéric de Wurtemberg. Publié par Auguste de Schlossberger.)

Frédéric de Wurtemberg, **Napoléon Ier**. — Politische und militärische Correspondenz König Friedrichs von Württemberg mit Kaiser Napoléon I (1805-1813), herausgegeben von Dr August von Schlossberger, ... — *Stuttgart, W. Kohlhammer*, 1889, in-8°.
[8° Z. Larrey. **332**

(Correspondance politique et militaire du roi Frédéric de Wurtemberg avec l'empereur Napoléon Ier, publiée par Auguste de Schlossberger.)

Monologues (Les) de Napoléon Ier. — *Paris, L. Baudoin*, 1891, in-16.
[8° Z. Larrey. **485**

Napoléon Ier. — Biographie des contemporains, par Napoléon. — *Paris, Ponthieu*, 1824, in-8°.
[8° Z. Larrey. **494**

Napoléon Ier. — Commentaires de Napoléon Ier. — *Paris, Imp. impériale*, 1867, 6 vol. gr. in-8°.
[4° Z. Larrey. **113**

(On lit au verso du faux titre : *Imprimé par ordre de l'empereur par les soins de M. Anselme Petetin.*)

Napoléon Ier. — Correspondance de Napoléon Ier, publiée par ordre de l'empereur Napoléon III. (20 janvier 1858.) — *Paris, Imp. impériale*, 1858-1869, 32 vol. in-4°. [4° Z. Larrey. **114**

Napoléon Ier. — Supplément à la « Correspondance de Napoléon Ier ». Lettres curieuses omises par le comité de publication. Rectifications. — *Paris, E. Dentu*, 1887, in-18.
[8° Z. Larrey. **525**

Napoléon Ier. — Correspondance inédite, officielle et confidentielle de Napoléon Bonaparte avec les cours étrangères, les princes, les ministres et les généraux français et étrangers, en Italie, en Allemagne et en Egypte. — *Paris, C.-L.-F. Panckoucke*, 1820, 7 vol. in-16. [8° Z. Larrey. **496**

Napoléon Ier. — Correspondance de Napoléon avec le ministre de la marine depuis 1804 jusqu'en avril 1815, extraite d'un portefeuille de Sainte-Hélène. — *Paris, Delloye et V. Lecou*, 1837, 2 tomes en un vol. in-8°.
[8° Z. Larrey. **495**

Napoléon Ier. — Dictionnaire-Napoléon, ou Recueil alphabétique des opinions et jugements de l'empereur Napoléon Ier, avec une introduction et des notes, par M. Damas Hinard. 2e édition. (Avril 1854.) — *Paris, Plon frères*, 1854, in-8°. [8° Z. Larrey. **497**

Napoléon Ier. — Discours de Napoléon sur les vérités et les sentiments qu'il importe le plus d'inculquer aux hommes pour leur bonheur, suivi de pièces sur quelques époques importantes de sa vie, publié par le général Gourgaud. — *Paris, Baudoin frères,* 1826, in-8°.   [8° Z. Larrey. **499**

(Le titre de départ, page 5, porte : *Prix proposé par l'Académie de Lyon pour le concours de 1791.*)

Napoléon Ier. — Fragments extraits des Mémoires de Napoléon. — *Paris, librairie départementale,* 1821, in-8°. Pièce.   [8° Z. Larrey. **498**

Napoléon Ier, Joséphine. — Lettres de Napoléon à Joséphine pendant la première campagne d'Italie, le consulat et l'empire, et lettres de Joséphine à Napoléon et à sa fille. — *Paris, Firmin-Didot frères,* 1833, 2 tomes en un vol. in-8°.   [8° Z. Larrey. **527**

(Publié par Mme Salvage de Faverolles, d'après Barbier.)

Napoléon Ier. — Quarante Lettres inédites de Napoléon, recueillies par L***. F****. — *Paris, Ponthieu,* 1825, in-8°.   [8° Z. Larrey. **501**

Napoléon Ier. — Maximes de guerre de Napoléon. — *Paris, Anselin,* 1827, in-32.   [8° Z. Larrey. **504**

(Annoté par Burnod, d'après Barbier.)

Napoléon Ier. — Maximes et pensées du prisonnier de Sainte-Hélène, manuscrit trouvé dans les papiers de Las-Cases, traduit de l'anglais. — *Paris, L'Huillier,* 1820, in-8°.   [8° Z. Larrey. **422**

(Un autre exemplaire porte la cote : 8° Z. Larrey. 509.)

Napoléon Ier. — Mémoires historiques de Napoléon, livre IX, 1815. — *Londres, sir R. Phillips,* 1820, in-8°.   [8° Z. Larrey. **505**

(Publié par B. E. O'Méara.)

Napoléon Ier. — Mémoires, pensées et souvenirs de Napoléon, suivis des jugements portés sur lui avant ou après sa mort, des fragments des discours des orateurs les plus célèbres et de l'extrait des brochures les plus remarquables publiées depuis sa mort. — *Paris, Daubrée,* 1821, in-18.   [8° Z. Larrey. **506**

Napoléon Ier. — Mémoires pour servir à l'histoire de France en 1815... (Par Napoléon.) — *Paris, Barrois aîné,* 1820, in-8°.   [8° Z. Larrey. **423**

(Publié par Ch. Barrois, d'après Barbier. — Deux autres exemplaires portent les cotes : 8° Z. Larrey. 507, et 8° Z. Larrey. 508.)

Napoléon Ier. — Mémoires pour servir à l'histoire de France sous Napoléon, écrits à Sainte-Hélène par les généraux qui ont partagé sa captivité, et publiés sur les manuscrits entièrement corrigés de la main de Napoléon. Tome Ier (et II), écrit par le général Gourgaud,... — *Paris, Firmin-Didot père et fils,* 1823, 2 vol. in-8°.   [8° Z. Larrey. **511**

(Le faux titre porte : *Mémoires de Napoléon.*)

Napoléon Ier. — Mémoires pour servir à l'histoire de France sous Napoléon, écrits à Sainte-Hélène par les généraux qui ont paragé sa captivité et publiés sur les manuscrits entièrement corrigés de la main de Napoléon. Tome Ier (-VI), écrit par le général Cte de Montholon. — *Paris, Firmin-Didot père et fils,* 1823, 6 vol. in-8°.   [8° Z. Larrey. **512**

(Le faux titre porte : *Mémoires de Napoléon.*)

Napoléon Ier. — Monuments d'éloquence militaire, ou Collection raisonnée des proclamations de Napoléon Bonaparte, précédée d'un Essai sur les campagnes de la liberté, pour servir d'introduction à l'ouvrage, par Constant Taillard. — *Paris, L'Huillier,* 1821, in-8°.   [8° Z. Larrey. **500**

Napoléon Ier. — Napoléon. Recueil par ordre chronologique de ses lettres, proclamations, bulletins, discours sur les matières civiles et politiques, etc., formant une histoire de son règne, écrite par lui-même et accompagnée de notes historiques par M. Kermoysan. — *Paris, Firmin-Didot frères, fils et Cie,* 1863-1865, 4 vol. in-16.   [8° Z. Larrey. **513**

Napoléon Ier. — Napoléon, ses opinions et jugements sur les hommes et sur les choses, recueillis par ordre alphabétique, avec une introduction et des notes, par M. Damas Hinard. — *Paris, Dufey,* 1838, 2 vol. in-8°.   [8° Z. Larrey. **514**

Napoléon Ier. — Nouvelle Biographie critique et anecdotique des contemporains, par Napoléon. 2e édition. — *Paris, l'éditeur*, 1826, in-32.
[8o Z. Larrey. **515**

Napoléon Ier. — Œuvres choisies de Napoléon Bonaparte. — *Paris, librairie ancienne et moderne*, 1827, 4 tomes en 2 vol. in-32.
[8o Z. Larrey. **516**

Napoléon Ier. — Œuvres choisies de Napoléon, mises en ordre et précédées d'une étude littéraire par A. Pujol. — *Paris, Belin-Leprieur*, 1843, in-18.
[8o Z. Larrey. **517**

Napoléon Ier. — Œuvres de Napoléon Bonaparte. — *Paris, C.-L.-F. Panckoucke*, 1821-1822, 5 vol. in-8o.
[8o Z. Larrey. **518**

Napoléon Ier. — Œuvres littéraires et politiques de Napoléon. Nouvelle édition. — *Paris, H.-L. Delloye*, 1840, in-18.
[8o Z. Larrey. **519**
(Le faux titre porte : *Bibliothèque choisie*.)

Napoléon Ier. — Napoléon Bonaparte. Œuvres littéraires, publiées d'après les originaux et les meilleurs textes, avec une introduction, des notes historiques et littéraires et un index, par Tancrède Martel. (Juillet 1887.) — *Paris, A. Savine*, 1888, 4 vol. in-18.
[8o Z. Larrey. **520**

Napoléon Ier. — Opinions de Napoléon sur divers sujets de politique et d'administration, recueillies par un membre de son conseil d'Etat (le Cte Jean Pelet), et récit de quelques événements de l'époque. — *Paris, F. Didot frères*, 1833, in-8o.
[8o Z. Larrey. **555**

Napoléon Ier, Bonaparte (Lucien). — Parallèle entre César, Cromwell, Monck et Bonaparte, fragment traduit de l'anglais. — *(S. l.)* (s. d.;) in-8o. Pièce.
[8o Z. Larrey. **202**
(Attribué par Quérard à Napoléon et à Lucien Bonaparte.)

Napoléon Ier. — Paroles et faits mémorables de Napoléon Bonaparte, avec un recueil d'anecdotes les plus intéressantes, pensées remarquables, traits sublimes et répliques ingénieuses, précédés d'une notice sur sa vie et ses campagnes. 3e édition, revue et augmentée de 230 pages et d'un tableau présentant jour par jour les combats, sièges, batailles et victoires des Français, depuis le 30 janvier 1792 jusqu'au 16 juin 1815. — *Paris, G. Mathiot*, 1830, in-12.
[8o Z. Larrey. **551**

Napoléon Ier. — Précis des guerres de César, par Napoléon, écrit par M. Marchand à l'île Sainte-Hélène, sous la dictée de l'empereur, suivi de plusieurs fragments inédits. (1er juin 1835.) — *Paris, Gosselin*, 1836, in-8o.
[8o Z. Larrey. **521**
(Le faux titre porte : *Mémoires pour servir à l'histoire de Napoléon*.)

Napoléon Ier. — Proclamations et harangues de Napoléon Bonaparte, avec le sommaire des événements qui ont donné lieu à chacune d'elles, etc., recueillies par Th. D. — *Paris, Lecointe et Pougin*, 1835, in-16.
[8o Z. Larrey. **522**

Napoléon Ier. — Profils des contemporains, par Napoléon. — *Paris, l'éditeur*, 1824, in-12. [8o Z. Larrey. **523**

Napoléon Ier. — Ricordi di Napoleone il Grande, scritti da esso e voltati in italiano dal dottore Claudio Sforza. — *Roma, Voghera Carlo*, 1887, in-12. [8o Z. Larrey. **524**

Napoléon Ier. — The Table talk and opinions of Napoleon Buonaparte. 6th edition. — *London, Sampson Low, Marston, Searle and Rivington*, 1885, in-16. [8o Z. Larrey. **675**

§ 4.

Mémoires
sur le règne de Napoléon Ier.

Barginet (A.). — Chroniques impériales, par A. Barginet,... 1re période. — *Paris, L. Guillemin fils*, 1833, in-8o. [8o Z. Larrey. **162**

Bausset (L.-F.-J. de). — Mémoires anecdotiques sur l'intérieur du palais et sur quelques événements de l'empire... pour servir à l'histoire de Napoléon, par L.-F.-J. de Bausset,... — *Paris, Baudouin frères*, 1827-1829, 4 vol. in-8o. [8o Z. Larrey. **168**

Beauharnais (Prince Eugène de). — Mémoires et correspondance politique et militaire du prince Eugène, publiés, annotés et mis en ordre par A. Du Casse,... (30 janvier 1858.) — *Paris, M. Lévy frères*, 1858-1860, 10 vol. in-16. [8° Z. Larrey. **169**

Belliard (Cᵗᵉ). — Mémoires du Cᵗᵉ Belliard, lieutenant-général, pair de France, écrits par lui-même, recueillis et mis en ordre par M. Vinet, ... — *Paris, Berquet et Pétion*, 1842, 3 tomes en un vol. in-16. [8° Z. Larrey. **176**

Bonaparte (Jérôme). — Mémoires et correspondance du roi Jérôme et de la reine Catherine. — *Paris, Dentu*, 1861-1865, 6 vol. in-16. [8° Z. Larrey. **402**

(Publié par le Bᵒⁿ Du Casse, d'après une note manuscrite.)

Bonaparte (Joseph). — Mémoires et correspondance politique et militaire du roi Joseph, publiés, annotés et mis en ordre par A. Du Casse,... — *Paris, Perrotin*, 1853-1854, 10 vol. in-8°. [8° Z. Larrey. **188**

Bonaparte (Lucien). — Mémoires de Lucien Bonaparte, prince de Canino, écrits par lui-même. Tome Iᵉʳ. — *Paris, C. Gosselin*, 1836, in-8°. [8° Z. Larrey. **208**

Buloz (A.). — Bourrienne et ses erreurs volontaires et involontaires, ou observations sur ses « Mémoires » par MM. le général Belliard, le général Gourgaud, le Cᵗᵉ d'Aure, le Cᵗᵉ de Survilliers, le Bᵒⁿ Meneval, le Cᵗᵉ Bonacossi, le prince d'Eckmulh, le Bᵒⁿ Massias, le Cᵗᵉ Boulay de la Meurthe, le ministre de Stein, Cambacérès, recueillies par A. B. — *Paris, C. Heideloff*, 1830, 2 tomes en un vol. in-8°. [8° Z. Larrey. **222**

(Par A. Buloz, d'après Barbier.)

Castille (Hippolyte). — Parallèle entre César, Charlemagne et Napoléon, l'empire et la démocratie, philosophie de la légende impériale, par M. Hippolyte Castille. (Juillet 1858.) — *Paris, H. Plon*, 1858, in-8°. [8° Z. Larrey. **230**

Champollion-Figeac. — Fourier et Napoléon, l'Egypte et les cent-jours, mémoires et documents inédits, par M. Champollion-Figeac. — *Paris, Firmin-Didot frères*, 1844, in-8°. [8° Z. Larrey. **236**

Delandine de Saint - Esprit. — Histoire de l'empire (1804-1814) par Delandine de Saint-Esprit. Napoléon. — *Paris, Mallet*, 1858, in-18. [8° Z. Larrey. **273**

Desmarest. — Témoignages historiques, ou quinze Ans de haute police sous Napoléon, par M. Desmarest, chef de cette partie pendant tout le consulat et l'empire. — *Paris, A. Levavasseur*, 1833, in-8°. [8° Z. Larrey. **281**

Doin (Alexandre). — Napoléon et l'Europe, fragments historiques, par M. Alexandre Doin. — *Paris, Baudouin frères*, 1826, 2 vol. in-8°. [8° Z. Larrey. **285**

Du Casse (Bᵒⁿ Albert). — Le maréchal Marmont, duc de Raguse, devant l'histoire, examen critique et réfutation de ses Mémoires, d'après des documents historiques la plupart inédits. 2ᵉ édition, augmentée d'un appendice. — *Paris, E. Dentu*, 1857, in-8°. [8° Z. Larrey. **288**

(Par Du Casse, d'après Barbier.)

Du Casse (Bᵒⁿ Albert). — Les Rois, frères de Napoléon, documents inédits relatifs au premier empire, publiés par le Bᵒⁿ Du Casse. — *Paris, Germer-Baillière*, 1883, in-8°. [8° Z. Larrey. **289**

Gaudin, duc de Gaëte. — Supplément aux Mémoires et souvenirs de M. Gaudin, duc de Gaëte, ministre des finances de l'empire. — *Paris, imp. de Goetschy fils*, 1834, in-8°. [8° Z. Larrey. **339**

Geoffroy (Louis). — Napoléon et la conquête du monde, 1812 à 1832. Histoire de la monarchie universelle. — *Paris, H.-L. Delloye*, 1836, in-8°. [8° Z. Larrey. **341**

(Par Louis Geoffroy, d'après une note manuscrite confirmée par Barbier.)

Geoffroy (Louis). — Napoléon apocryphe, 1812-1832, histoire de la conquête du monde et de la monarchie universelle, par Louis Geoffroy. Nouvelle édition, revue et augmentée. — *Paris, Paulin*, 1841, in-12. [8° Z. Larrey. **340**

Grouchy (Mⁱˢ de). — Mémoires du maréchal de Grouchy, par le Mⁱˢ de Grouchy,... — *Paris, E. Dentu*, 1873-1874, 5 vol. in-8°. [8° Z. Larrey. **353**

Kermoysan. — Souvenirs du premier empire, publiés par M. Kermoysan. — *Paris, P. Dupont*, 1860, in-18. [8º Z. Larrey. **404**

(Bibliothèque des campagnes.)

Lamothe-Langon (Bᵒⁿ de). — L'Empire, ou Dix Ans sous Napoléon. — *Paris, C. Allardin*, 1836, 4 tomes en 2 vol. in-8º. [8º Z. Larrey. **412**

(Par le Bᵒⁿ de Lamothe-Langon, d'après Barbier.)

Lamothe-Langon (Bᵒⁿ de). — Mémoires de Napoléon Bonaparte. — *Paris, C. Gosselin*, 1834, 4 vol. in-8º. [8º Z. Larrey. **413**

(Par le Bᵒⁿ de Lamothe-Langon, d'après Quérard.)

Lamothe-Langon (Bᵒⁿ de). — Mémoires et souvenirs d'un pair de France, ex-membre du sénat conservateur (Cᵗᵉ Fabre de l'Aude). — *Paris, Tenon*, 1829, 2 vol. in-8º. [8º Z. Larrey. **414**

(Par le Bᵒⁿ de Lamothe-Langon, d'après Quérard.)

Las Cases (Cᵗᵉ de). — Souvenirs de l'empereur Napoléon Iᵉʳ, extraits du « Mémorial de Sainte-Hélène » de M. le Cᵗᵉ de Las Cases. — *Paris, Hachette*, 1854, in-16. [8º Z. Larrey. **424**

(Le faux titre porte : *Bibliothèque des chemins de fer. Deuxième série. Histoire et voyages.*)

Laurent, de l'Ardèche. — Réfutation des Mémoires du maréchal Marmont, duc de Raguse, par M. Laurent, de l'Ardèche... — *Paris, H. Plon*, 1857, in-8º. [8º Z. Larrey. **427**

Lavallette (Cᵗᵉ). — Mémoires et souvenirs du Cᵗᵉ Lavallette, aide-de-camp du général Bonaparte, conseiller d'État et directeur général des postes de l'empire, publiés par sa famille et sur ses manuscrits. — *Paris, H. Fournier jeune*, 1831, 2 vol. in-8º. [8º Z. Larrey. **429**

(Précédé d'une notice par Cuvillier-Fleury.)

Lombard, de Langres. — Histoire des sociétés secrètes de l'armée et des conspirations militaires qui ont eu pour objet la destruction du gouvernement de Bonaparte. 2ᵉ édition. — *Paris, Gide fils*, 1815, in-8º. [8º Z. Larrey. **445**

(Par Lombard, de Langres, d'après Barbier.)

Marbot (Général Bᵒⁿ de). — Mémoires du général Bᵒⁿ de Marbot,... — *Paris, E. Plon, Nourrit et Cⁱᵉ*, 1891, 3 vol. in-8º. [8º Z. Larrey. **459**

Méneval (Bᵒⁿ Claude-François de). — Mémoires pour servir à l'histoire de Napoléon Iᵉʳ depuis 1802 jusqu'à 1815, par le Bᵒⁿ Claude-François de Méneval,... Édition entièrement refondue, ouvrage complété par des documents inédits, publié par les soins de son petit-fils le Bᵒⁿ de Méneval (Napoléon-Joseph-Ernest). — *Paris, E. Dentu*, 1894, 3 vol. in-8º. [8º Z. Larrey. **475**

Napoléon, journal anecdotique et biographique de l'empire et de la grande armée. — *Paris, 56, rue de Provence*, gr. in-8º. [8º Z. Larrey. **537**

(1ʳᵉ et 2ᵉ années, 1834-1835.)

Paganel (Camille). — Essai sur l'établissement monarchique de Napoléon, par Camille Paganel,... — *Paris, A. Aubrée*, 1836, in-8º. [8º Z. Larrey. **549**

Potin (Alphonse). — Histoire de la monarchie napoléonienne, à l'usage des familles chrétiennes et des maisons d'éducation, par M. Alphonse Potin,... (12 janvier 1855.) — *Paris, Amyot*, 1855, in-8º. [8º Z. Larrey. **588**

1855. — *Paris, Vermot*, in-8º. [8º Z. Larrey. **589**

Poullain (Edouard). — Jugement philosophique, politique et historique sur Napoléon le Grand, par Edouard Poullain. — *Amiens, Prévost-Allo*, 1864, in-16. [8º Z. Larrey. **590**

Regnault-Warin. — Introduction à l'histoire de l'empire français, ou Essai sur la monarchie de Napoléon. 2ᵉ édition... — *Paris, P. Domère*, 1820, 2 tomes en un vol. in-8º. [8º Z. Larrey. **616**

(Par Regnault-Warin, d'après Barbier.)

Rémusat (Mᵐᵉ de). — Lettres de Mᵐᵉ de Rémusat, 1804-1814, publiées par son petit-fils Paul de Rémusat,... 3ᵉ édition. — *Paris, C. Lévy*, 1881, 2 vol. in-8º. [8º Z. Larrey. **619**

Revue de l'empire, fondée en 1842 par Ch.-Ed. Temblaire,... — *Paris, 20, rue Lavoisier*, 5 tomes en 2 vol. in-8º. [8º Z. Larrey. **620**

(1844-1847.)

Rovigo (Duc de). — Mémoires du duc de Rovigo, pour servir à l'histoire de l'empereur Napoléon. — *Paris, A. Bossange*, 1828, 8 vol. in-8°.
[8° Z. Larrey. **633**

(Le faux titre porte : *Histoire contemporaine.*)

Saint-Hilaire (Emile Marco de). — Anecdotes du temps de Napoléon Ier, recueillies par Marco de Saint-Hilaire. Nouvelle édition. — *Paris, Hachette,* 1859, in-16.
[8° Z. Larrey. **637**

Saint-Hilaire (Emile Marco de). — Mémoires d'un page de la cour impériale (1804-1815), par Emile Marco de Saint-Hilaire. — *Paris, Boulé,* 1848, in-8°.
[8° Z. Larrey. **641**

Saint-Hilaire (Emile Marco de). — Souvenirs intimes du temps de l'empire, par M. Emile Marco de Saint-Hilaire,... — *Paris, A. Dupont,* 1838, 2 tomes en un vol. in-8°.
[8° Z. Larrey. **645**

Saint-Hilaire (Emile Marco de). — Nouveaux Souvenirs intimes du temps de l'empire, par Emile Marco de Saint-Hilaire,... — *Paris, Dumont,* 1840, 2 tomes en un vol. in-8°.
[8° Z. Larrey. **646**

(Tomes III et IV des Souvenirs intimes du temps de l'empire.)

Saint-Nexant (Charles de). — Des Événements qui ont amené la fin du règne de Napoléon Ier, par M. Charles de Saint-Nexant,... — *Paris, H. Plon,* 1863, in-8°.
[8° Z. Larrey. **648**

Sor (Charlotte de). — Souvenirs du duc de Vicence, recueillis et publiés par Charlotte de Sor. 4° édition. — *Paris, A. Levavasseur,* 1837, 2 tomes en un vol. in-16.
[8° Z. Larrey. **664**

(Le titre de départ, page 3, porte : *Mémoires sur Napoléon et l'empire.*)

Sor (Charlotte de). — Suite des « Souvenirs du duc de Vicence », recueillis et publiés par Charlotte de Sor, ... — *Paris, G. Barba,* 1841, 2 tomes en un vol. in-8°.
[8° Z. Larrey. **665**

Sor (Charlotte de). — Napoléon en Belgique et en Hollande, 1811, formant les tomes III et IV des « Souvenirs du duc de Vicence », par Charlotte de Sor. — *Paris, G. Barba,* 1842, 2 tomes en un vol. in-8°.
[8° Z. Larrey. **663**

Talleyrand. — Lettres inédites de Talleyrand à Napoléon, 1800-1809, publiées d'après les originaux conservés aux archives des affaires étrangères, avec une introduction et des notes, par Pierre Bertrand. 2° édition. (Janvier 1889.) — *Paris, Perrin,* 1889, in-8°.
[8° Z. Larrey. **676**

Wolseley. — The Decline and fall of Napoléon. (Signé : Wolseley.) — *London, editorial and publishing offices,* (1894,) in-8°.
[8° Z. Larrey. **710**

(Extraits de *the Pall Mall Magazine*.)

Wolseley. — Le Déclin et la chute de Napoléon, par le maréchal Vte Wolseley. (15 août 1894.) — *Paris, P. Ollendorff,* 1894, in-8°.
[8° Z. Larrey. **711**

§ 5.

Détails.

Événements antérieurs au couronnement. Couronnement. Joséphine. Marie - Louise. Roi de Rome. Abdication. Ile d'Elbe. Cent-jours. Sainte-Hélène. Mort de Napoléon Ier. Retour des cendres.

Manuscrit de l'an III (1794-1795), contenant les premières transactions des puissances de l'Europe avec la république française et le tableau des derniers événements du régime conventionnel, pour servir à l'histoire du cabinet de cette époque, par le Bon FAIN,... — *Paris, A. Dupont,* 1828, in-8°.
[8° Z. Larrey. **303**

Mémoire concernant la trahison de Pichegru dans les années III, IV et V, rédigé en l'an VI par M. R. DE MONTGAILLARD, et dont l'original se trouve aux Archives du gouvernement. — *Paris, Imp. de la république,* germinal an XII, in-8°.
[8° Z. Larrey. **490**

L'Industrie ou les arts, ode publiée à l'occasion de la fête du 1er vendémiaire an VII, par P. CHAUSSARD. — *Paris, imp. de P. Didot aîné,* an VII, in-4°. Pièce.
[4° Z. Larrey. **59**

Le Dix-huit Brumaire, ou Tableau des événements qui ont amené cette journée, des moyens secrets par lesquels elle a été préparée, des faits qui l'ont accompagnée et des résultats qu'elle doit avoir, auquel on a ajouté des anecdotes sur les principaux personnages qui étaient en place et les pièces justificatives, etc. — *Paris, Garnery*, an VIII, in-8°.
[8° Z. Larrey. **444**
(Par VINCENT LOMBARD, de Langres, d'après Barbier.)

Révolution de brumaire, ou Relation des principaux événements des journées des 18 et 19 brumaire, par LUCIEN BONAPARTE, prince de Canino, suivie d'une notice nécrologique sur ce prince, et d'une ode intitulée : « l'Amérique », extraite du Recueil de ses poésies posthumes. — *Paris, Charpentier*, 1845, in-8°.
[8° Z. Larrey. **209**

Corps législatif. Commission du conseil des cinq-cents. Procès-verbal des élections des membres du sénat conservateur, de ceux du corps législatif et de ceux du tribunat, en exécution de la constitution. — *Paris, Imp. nationale*, nivôse an VIII, in-8°. Pièce.
[8° Z. Larrey. **606**

Discours prononcé dans le temple de Mars, par L. BONAPARTE, ministre de l'intérieur, le 25 messidor an VIII, pour la fête du 14 Juillet et de la Concorde. — *Paris, Imp. de la république*, an VIII, in-8°. Pièce. [8° Z. Larrey. **190**

Sonetti à Bonaparte. (Signé : BUTTURA.) — *Parigi, presso P. Didot il primogenito*, anno VIII, in-8°. Pièce.
[8° Z. Larrey. **191**

Le Chant du combat. A Bonaparte. (Signé : ROUGET DELISLE.) — *Paris, imp. de Didot aîné*, an VIII, in-4°. Pièce.
[4° Z. Larrey. **60**

Histoire de la double conspiration de 1800 contre le gouvernement consulaire et de la déportation qui eut lieu dans la deuxième année du consulat, contenant des détails authentiques et curieux sur la machine infernale et sur les déportés... par M. FESCOURT. — *Paris, Guillaume*, 1819, in-8°.
[8° Z. Larrey. **324**

Les Élèves du prytanée de Paris au premier consul Bonaparte, sur l'attentat du 3 nivôse. — *Paris, imp. de Sétier*, nivôse an IX, in-8°. Pièce.
[8° Z. Larrey. **193**

Ode à l'occasion de la paix signée à Lunéville, le 20 pluviôse an IX de la république française. Au premier consul. (Signé : CAILLE.) — *Paris, imp. de Didot jeune*, an IX (1801), in-8°. Pièce.
[8° Z. Larrey. **192**

Bonaparte, le concordat de 1801 et le cardinal Consalvi. Suivi des deux lettres au P. Theiner sur le pape Clément XIV, par J. CRÉTINEAU-JOLY. — *Paris, H. Plon*, 1869, in-8°.
[8° Z. Larrey. **263**

Sénatus - consulte organique de la constitution, du 16 thermidor an X de la république française. — *Paris, imp. du dépôt des lois*, (s. d.,) in-8°. Pièce.
[8° Z. Larrey. **605**

Voyage du premier consul à Bruxelles, par M. BARBET,... — *Bruxelles, Weissenbruch*, an XI, in-8°.
[8° Z. Larrey. **161**

Bonaparte, Talleyrand et Stapfer, 1800-1803. (15 avril 1869.) — *Zurich, Orell, Fussli et Cie*, 1869, in-8°.
[8° Z. Larrey. **671**
(Lettres de PHILIPPE - ALBERT STAPFER, publiées par Albert Jahn.)

Les derniers Jours du consulat, manuscrit inédit de CLAUDE FAURIEL,... Publié et annoté par Ludovic Lalanne. — *Paris, C. Lévy*, 1886, in-8°.
[8° Z. Larrey. **309**

Recueil des pièces et actes relatifs à l'établissement du gouvernement impérial héréditaire, imprimé par ordre du sénat. — *Paris, imp. de P. Didot aîné*, an XII, in-8°. [8° Z. Larrey. **604**
(Sénat conservateur, séances du 6 germinal au 28 floréal an XII.)

Code impérial, ou Recueil chronologique des lois constitutionnelles de l'empire français, contenant le sénatus-consulte du 28 floréal an XII, les sénatus-consultes organiques, les lois, les décrets et les statuts impériaux relatifs à la mise en activité du gouvernement impérial, et le nouveau cérémonial... — *Paris, Rondonneau*, an XII (1804), in-8°. [8° Z. Larrey. **247**

Napoléon au camp de Boulogne, poème qui a obtenu la mention honorable au concours de poésie de l'Académie française sur la découverte de la vapeur, suivi de la Main rouge... par M. J. LESGUILLON. — *Paris, au comptoir des imprimeurs unis*, 1847, in-8°. Pièce. [8° Z. Larrey. **563**
(Le faux titre porte : *Concours poétiques, 1847.*)

Fastes. (Signé : L. PETIT-RADEL.) — *Paris, imp. de P. Didot aîné,* an XIII (1804), in-fol.   [Fol. Z. Larrey. **31**

(Le titre de départ, page 1, porte : *Fêtes du couronnement. Rapport au conseiller d'État, préfet du département de la Seine, sur les inscriptions de la salle du banquet de l'Hôtel de Ville de Paris.* — On lit page 16 : *Fastes de Napoléon.* — Français-latin.)

An XIII (1804). — *Paris, ibid.,* in-8°. Pièce.   [8° Z. Larrey. **194**

À Sa Majesté l'empereur et roi. (Signé : FRÉDÉRIC BOUDIN.) — *(S. l.,)* (s. d.,) in-4°. Pièce. [4° Z. Larrey. **64**

Du Rétablissement du royaume d'Italie sous l'empereur Napoléon et des droits de la couronne de France sur le duché de Rome, par M. Mce DE MONTGAILLARD. — *Paris, L. Colin,* 1809, in-8°.   [8° Z. Larrey. **488**

In hodiernum latini carminis apud Gallos fastidium. — *(S. l.,)* (s. d.,) in-8°. Pièce.   [8° Z. Larrey. **201**

Alla Maestà di Napoleone il Grande, imperator dei Francesi, re d'Italia e protettore della Confederazione del Reno, odi di UBERTO GIORDANI,... — *Parigi, nella stamperia di P. Didot il maggiore,* (s. d.,) in-4°. Pièce.
[4° Z. Larrey. **62**

Le Vœu de Paris, couplets chantés sur la place de l'Hôtel de Ville un moment avant le feu d'artifice. — *(S. l.,)* (s. d.,) in-4°. Pièce. [4° Z. Larrey. **63**

(Paroles de M. DE PROMIAC, musique de M. Plantade.)

Description des cérémonies et des fêtes qui ont eu lieu pour le couronnement de Leurs Majestés Napoléon, empereur des Français et roi d'Italie, et Joséphine, son auguste épouse. Recueil de décorations exécutées dans l'église de Notre-Dame de Paris et au Champ de Mars, d'après les dessins et sous la conduite de C. PERCIER et de P.-F.-L. FONTAINE, architectes de l'empereur. — *Paris, Leblanc,* 1807, gr. in-fol.   [Gr. fol. Z. Larrey. **11**

Histoire du couronnement, ou Relation des cérémonies religieuses, politiques et militaires, qui ont eu lieu pendant les jours mémorables consacrés à célébrer le couronnement et le sacre de Sa Majesté impériale Napoléon Ier, empereur des Français... — *Paris, imp. de P.-L. Dubray,* thermidor an XIII (1805), in-8°.
[8° Z. Larrey. **370**

Procès-verbal de la cérémonie du sacre et du couronnement de LL. MM. l'empereur Napoléon et l'impératrice Joséphine. — *Paris, Imp. impériale,* 1805, in-4°.   [4° Z. Larrey. **124**

Mémoires historiques et secrets de l'impératrice Joséphine, Marie-Rose Tascher de La Pagerie, première épouse de Napoléon Bonaparte,... par Mlle M.-A. LE NORMAND,... 2e édition, augmentée de plus de 300 notes inédites, et suivie des derniers souvenirs de Napoléon Bonaparte à l'île Ste-Hélène. — *Paris, Dondey-Dupré père et fils,* 1827, 3 vol. in-8°.   [8° Z. Larrey. **439**

Mémoires et correspondance de l'impératrice Joséphine. — *Paris, Plancher,* 1820, in-8°.   [8° Z. Larrey. **617**

(Par REGNAULT-WARIN, d'après Quérard.)

Histoire de l'impératrice Joséphine, par JOSEPH AUBENAS. (20 août 1857.) — *Paris, Amyot,* 1857-1859, 2 vol. in-8°.
[8° Z. Larrey. **153**

Les Femmes des Tuileries. La citoyenne Bonaparte, par IMBERT DE SAINT-AMAND. — *Paris, E. Dentu,* 1883, in-12.
[8° Z. Larrey. **385**

Les Femmes des Tuileries. La femme du premier consul, par IMBERT DE SAINT-AMAND. — *Paris, E. Dentu,* 1884, in-12.
[8° Z. Larrey. **386**

Les Femmes des Tuileries. La jeunesse de l'impératrice Joséphine, par IMBERT DE SAINT-AMAND. (14 février 1883.) — *Paris, E. Dentu,* 1883, in-12.
[8° Z. Larrey. **384**

Les Femmes des Tuileries. La cour de l'impératrice Joséphine, par IMBERT DE SAINT-AMAND. — *Paris, E. Dentu,* 1884, in-12.   [8° Z. Larrey. **387**

Les Femmes des Tuileries. Les dernières années de l'impératrice Joséphine, par IMBERT DE SAINT-AMAND. 2e édition. — *Paris, E. Dentu,* 1884, in-12.   [8° Z. Larrey. **388**

Sur la Rupture du traité d'Amiens par les Anglais, ode latine à S. M. Napoléon, empereur des Français et roi d'Italie, par L.-F. CAUCHY,... avec une traduction française. — *Paris, imp. de P. Didot aîné,* prairial an XIII (1805), in-8°. Pièce.   [8° Z. Larrey. **195**

Le grand Nom, Napoléon Bonaparte, empereur des Français. — *Paris, imp. de P. Didot aîné*, 5 février 1805, in-4°. Pièce. [4° Z. Larrey. **65**

(La dédicace est signée : N. Foulon.)

Ode sur les victoires de Napoléon le Grand, empereur des Français et roi d'Italie, par M. Crouzet,... — *Paris, imp. de Firmin-Didot*, an XIV (1805), in-8°. Pièce. [8° Z. Larrey. **196**

Note historique sur la place Vendôme et sur l'hôtel du gouverneur militaire de Paris... par G. Dolot,... — *Paris, Quantin*, 1887, gr. in-8°. Pièce. [4° Z. Larrey. **91**

La Colonne Napoléon. A la France, ode, par M. Émile Roulland,... — *Paris, Chaumerot*, juillet 1833, in-8°. Pièce. [8° Z. Larrey. **312**

La Colonne de la grande armée d'Austerlitz ou de la Victoire, monument triomphal érigé en bronze sur la place Vendôme de Paris, description accompagnée de 36 planches représentant la vue générale, les médailles, piédestaux, bas-reliefs et statue dont se compose ce monument, par Ambroise Tardieu, ... — *Paris, A. Tardieu*, 1822, in-4°. [4° Z. Larrey. **129** (1)

(Texte.)

La Colonne de la grande armée d'Austerlitz ou de la Victoire, monument triomphal élevé à la gloire de la grande armée par Napoléon. 40 planches représentant la vue générale, les médailles, piédestaux, bas-reliefs et statue dont se compose ce monument, gravées en taille-douce, par Ambroise Tardieu. — *Paris, au dépôt de l'Atlas géographique*, (s. d.,) in-fol. [Fol. Z. Larrey. **35**

(1833.) — *Paris, ibid.*, in-4°. [4° Z. Larrey. **129** (2)

(Un autre exemplaire au département des estampes. [Département des estampes. Fc. 33.])

Etiquette du palais impérial, année 1806. — *Paris, Imp. impériale*, avril 1806, in-4°. [4° Z. Larrey. **94**

Exposé de la situation de l'empire français, 1806 et 1807. — *Paris, Imp. impériale*, septembre 1807, in-8°. [8° Z. Larrey. **502**

(Lu dans la séance du corps législatif du 24 août 1807.)

La Violation et le rétablissement des tombeaux des rois à Saint-Denis, poëme latin, par M. le chevalier Cauchy,... avec une traduction française. — *Paris, imp. de P. Didot aîné*, 1809, in-8°. Pièce. [8° Z. Larrey. **206**

Odes hébraïques pour la célébration de l'anniversaire de la naissance de S. M. l'empereur des Français et roi d'Italie, par J. Mayer et Abraham Cologna, traduites en français par Michel Berr,... avec un avertissement du traducteur. — *Paris, Imp. impériale*, 1806, in-8°. Pièce. [8° Z. Larrey. **566**

(Avec le texte hébreu.)

Ode pour le jour de la naissance de Napoléon le Grand, empereur des Français et roi d'Italie, composée par Abraham Cologna de Mantoue, l'un des députés à l'assemblée des citoyens français professant la religion juive, traduite en français par Michel Berr,... avec un avertissement du traducteur. — *Paris, Imp. impériale*, 1806, in-8°. Pièce. [8° Z. Larrey. **197**

(Avec le texte hébreu.)

Traduction du psaume II, *Quare fremuerunt gentes*, etc., par M. Crouzet,... — *Paris, imp. de Firmin-Didot*, an XIV (1806), in-8°. Pièce. [8° Z. Larrey. **198**

Descrizione del foro Bonaparte. — *Parma, co' tipi Bodoniani*, 1806, gr. in-fol. [Gr. fol. Z. Larrey. **2**

(La dédicace est signée : Giovanni Antolini.)

Le Génie du mal, ou la quatrième Coalition, poème latin, par M. Cauchy,... avec une traduction française. — *Paris, imp. de P. Didot aîné*, 1807, in-8°. Pièce. [8° Z. Larrey. **204**

Couronne poétique de Napoléon le Grand, empereur des Français, roi d'Italie et protecteur de la Confédération du Rhin, ou choix de poésies composées en son honneur. — *Paris, A. Bertrand*, 1807, in-8°. [8° Z. Larrey. **260**

(Publié par Jacq. Lablée, d'après Barbier.)

Napoléon et Alexandre Ier. L'alliance russe sous le premier empire... par Albert Vandal. 3e édition. (Juillet 1890.) — *Paris, E. Plon, Nourrit et Cie*, 1893, 2 vol. in-8°. [8° Z. Larrey. **691**

I Fasti di Napoleone il Massimo, ode di G. Crocco,... recitata nella radunanza arcadica di Savona, in occasione della solennita del giorno anniversario della nascita di S. M. l'imperatore e re. — *Parigi, dai torchi di P. Didot il maggiore*, 1808, in-4º. Pièce.
[4º Z. Larrey. **66**

Descrizione delle feste celebrate in Venezia, per la venuta di S. M. I. R. Napoleone il Massimo, imperatore de' Francesi, re d'Italia, protettore della Confederazione del Reno, data al pubblico dal cavaliere abate Morelli,... — *Venezia, tipografia Picotti*, 1808, in-fol.
[Fol. Z. Larrey. **28**

Entrevue de Napoléon Iᵉʳ et de Gœthe, suivie de notes et commentaires, par S. Sklower. 2ᵉ édition. — *Lille, E. Vanackere*, 1853, in-18.
[8º Z. Larrey. **659**

Paris embelli sous le règne de Napoléon Iᵉʳ... poème en son honneur, par F. Verzy. — *Paris, Antoine*, 1808, in-8º. Pièce.
[8º Z. Larrey. **311**

Alla sacra Maestà imperiale e reale di Napoleone il Grande, epigrafe di Giuseppe Vettori,... — *Parigi, dalla stamperia di P. Didot il maggiore*, 1808, in-4º. Pièce.
[4º Z. Larrey. **61**

Il Ritorno alla patria, sonetto di Paolo Pola,... — *(Parigi,) dalla stamperia di P. Didot natu. maggiore*, (s. d.,) in-4º. Pièce.
[4º Z. Larrey. **68**

Le Divorce de Napoléon, par Henri Welschinger. (Février 1889.) — *Paris, E. Plon, Nourrit et Cie*, 1889, in-12.
[8º Z. Larrey. **708**

Napoléon le Grand, ode. (Signé : J. Esménard.) — *Paris, imp. de P. Didot aîné*, 1810, in-4º. Pièce.
[4º Z. Larrey. **75**

Offrandes à Bonaparte, par trois étrangers. — *Londres, imp. de Vogel et Schulze*, 1810, in-8º.
[8º Z. Larrey. **546**

(Sous ce titre sont réunis les opuscules suivants, chacun avec son titre particulier et sa pagination spéciale : 1. *Lettre sur l'esprit et les dispositions du gouvernement français, à laquelle est joint un aperçu du système de finances de l'empire français, par un Américain, retourné d'Europe depuis peu, traduite de l'anglais.* 2. *Code de la conscription* (compte rendu). 3. *Notices sur l'intérieur de la France, par M. FABER. Tome Iᵉʳ.* 4. *Effets du blocus continental sur le commerce, les finances, le crédit et la prospérité des Iles-Britanniques, par sir FRANCIS D'IVERNOIS. 5ᵉ édition.*)

Per le augustissime Nozze di Napoleone il Grande con Maria Luigia, arciduchessa d'Austria, ode di G. Biagioli,... — *Parigi, dai torchi di P. Didot il maggiore*, 1810, in-4º. Pièce.
[4º Z. Larrey. **71**
(Suivi de la traduction française.)

Celebrandosi le Nozze di Sua Maestà l'imperator de' Francesi e re d'Italia, Napoleone il Grande, con Sua Altezza imperiale, l'arciduchessa Maria Luisa d'Austria, visione alla dantesca, scritta da Luigi Brucalassi,... — *Mannheim, nella stamperia di F. Kaufmann*, 1810, in-fol. Pièce.
[Fol. Z. Larrey. **23**

La Ierogamia di Cretà, inno del cavaliere Vincenzo Monti. — *Parigi, dai torchi di P. Didot il maggiore*, 1810, in-4º. Pièce.
[4º Z. Larrey. **70**
(Suivi de la traduction française.)

Napoléon et Louise, ou le Mariage du héros, lettres sur l'union de S. M. Napoléon le Grand... et de S. A. I. et R. Marie-Louise,... contenant un récit exact et circonstancié de tous les événements occasionnés par le mariage de LL. MM., un extrait de toutes les pièces jouées à cette occasion... et un choix des poèmes, odes, dithyrambes, etc., publiés sur le même sujet, par MM. Lemercier (N.-Z.), Baour-Lormian, Parseval, Michaud, Aignan, Tissot, Esménard, Armand Gouffé, etc. — *Paris, J. Chaumerot*, 1810, 2 tomes en un vol. in-12.
[8º Z. Larrey. **536**

Description des cérémonies et des fêtes qui ont eu lieu pour le mariage de S. M. l'empereur Napoléon avec S. A. I. madame l'archiduchesse Marie-Louise d'Autriche, par Charles Percier et P.-F.-L. Fontaine. — *Paris, imp. de P. Didot aîné*, 1810, gr. in-fol.
[Gr. fol. Z. Larrey. **12**

Le Mariage de Sa Majesté Napoléon, empereur des Français et roi d'Italie, avec S. A. I. Marie-Louise, archiduchesse d'Autriche, cantate. (Signé : Un employé du ministère de l'intérieur.) — *(S. l.,)* (s. d.,) in-4º. Pièce.
[4º Z. Larrey. **69**

Pro faustis nuptiis augusti Napoleonis, Gallorum imperatoris, Italiæ regis, cum augusta Maria Ludovicia Austriæ, carmen. (Signé : Camillus Romiti.) — *(S. l.,)* (s. d.,) in-4º. Pièce.
[4º Z. Larrey. **80**

Epithalame de Napoléon et de Marie-Louise d'Autriche, par TERCY. — Epitalamio di Napoleone e di Maria-Luigia d'Austria, recato in versi italiani da Stefano Egidio Petroni. — *Paris, imp. de P. Didot ainé,* 1810, in-4°. Pièce. [4° Z. Larrey. **72**

(Italien-français. Un autre exemplaire, français seulement, porte la cote : 4° Z. Larrey. 73.)

Ode sur le mariage de S. M. I. et R. Napoléon Ier et S. A. I. Marie-Louise d'Autriche, par AUGUSTE DE TREMAULT,... — (*Paris,*) *imp. de P. Didot ainé,* (s. d.,) in-4°. Pièce. [4° Z. Larrey. **74**

Les Femmes des Tuileries. Les beaux jours de l'impératrice Marie-Louise, par IMBERT DE SAINT-AMAND. 2° édition. — *Paris, E. Dentu,* 1885, in-12. [8° Z. Larrey. **389**

Les Femmes des Tuileries. Marie-Louise et le duc de Reichstadt, par IMBERT DE SAINT-AMAND. — *Paris, E. Dentu,* 1886, in-12. [8° Z. Larrey. **393**

Les Femmes des Tuileries. Marie-Louise et la décadence de l'empire, par IMBERT DE SAINT-AMAND. — *Paris, E. Dentu,* 1885, in-12. [8° Z. Larrey. **391**

Les Femmes des Tuileries. Marie-Louise et l'invasion de 1814, par IMBERT DE SAINT-AMAND. — *Paris, E. Dentu,* 1885, in-12. [8° Z. Larrey. **390**

Les Femmes des Tuileries. Marie-Louise, l'île d'Elbe et les cent-jours, par IMBERT DE SAINT-AMAND. — *Paris, E. Dentu,* 1885, in-12. [8° Z. Larrey. **392**

Correspondance de MARIE-LOUISE, 1799-1847, lettres intimes et inédites à la Ctesse de Colloredo et à Mlle de Poutet, depuis 1810 Ctesse de Crenneville,... — *Vienne, C. Gerold fils,* 1887, in-8°. [8° Z. Larrey. **461**

Programme de la cérémonie de la pose de la première pierre du grand pont en construction sur le Pô, à Turin, qui aura lieu le jeudi 22 novembre 1810. — *Turin, D. Pane,* (s. d.,) in-fol. Pièce. [Fol. Z. Larrey. **33**

Discours pour l'anniversaire de la fête du couronnement de l'empereur et de la bataille d'Austerlitz, prononcé dans la basilique métropolitaine de Paris, le 2 décembre 1810, par M. l'abbé COTTRET,... — *Paris, imp. de Pillet,* 1810, in-8°. Pièce. [8° Z. Larrey. **207**

Napoléon au Salon, poème, suivi du Palais de la Gloire, du Temple de la Volupté et de deux épitres : l'une au Dr Wenck, l'autre à M. Malte-Brun, avec des notes historiques et littéraires, par A. SÉRIEYS,... — *Paris, Samson,* 1811, in-16. [8° Z. Larrey. **300**

Roma al suo re pel faustissimo parto di Maria Luigia, imperatrice e reina, ode di G. BIAGIOLI,... — *Parigi, dai torchi di P. Didot il maggiore,* 1811, in-4°. Pièce. [4° Z. Larrey. **78**

(Suivi de la traduction française par Tercy.)

Per la Nascita del re di Roma, poemetto anacreontico di FRANCESCO GIANNI,... — *Parigi, dai torchi di P. Didot il maggiore,* 1811, in-4°. Pièce. [4° Z. Larrey. **79**

Hommages poétiques à Leurs Majestés impériales et royales sur la naissance de S. M. le roi de Rome, recueillis et publiés par J.-J. Lucet et Eckard. — *Paris, imp. de Prudhomme fils,* 1811, 2 vol. in-8°. [8° Z. Larrey. **374**

L'Hymen et la naissance, ou Poésies en l'honneur de Leurs Majestés impériales et royales. — *Paris, imp. de Firmin-Didot,* 1812, in-8°. [8° Z. Larrey. **381**

Hommage d'un Français à Sa Majesté le roi de Rome, contenant un poème sur la naissance de Sa Majesté ; Rome ancienne et Rome moderne, églogue héroïque ; un chant de gloire en l'honneur du duc de Montebello, et des stances sur le mariage de Sa Majesté l'empereur des Français, par J. LINGAY. — *Paris, Dentu,* 1811, in-4°. [4° Z. Larrey. **84**

La Naissance du roi de Rome, ode italienne, accompagnée d'une médaille, par M. PETRONJ,... traduite en français par M. Tercy,... — *Paris, imp. de P. Didot ainé,* 1811, in-4°. Pièce. [4° Z. Larrey. **82**

(Le texte italien figure en regard de la traduction.)

La Nascita di Alessandro, prole di Filippo il Macedone, cantata di STEFANO EGIDIO PETRONJ,... per la faustissima circostanza dell' augusto parto di S. M. Maria Luigia d'Austria, imperatrice de' Francesi e regina d'Italia. — *Parigi, dai torchi di P. Didot il maggiore,* 1811, in-4°. Pièce. [4° Z. Larrey. **81**

(A partir de la page 13, titre français suivi de la traduction française.)

La Naissance du roi de Rome, par TERCY. — *Paris, imp. de P. Didot aîné,* 1811, in-4°. Pièce. [4° Z. Larrey. **76**

Dithyrambe sur la naissance du roi de Rome... par AUGUSTE TREMAULT,... — *Paris, imp. de P. Didot aîné,* 1811, in-4°. Pièce. [4° Z. Larrey. **77**

Charlemagne au palais des Tuileries dans la nuit du 20 mars 1811, par M. WIDEMANN. — Karl der Grosse in den Tuilerien in der Nacht vom 20 Maerz 1811, von I. Widemann. — *Paris, imp. de P. Didot aîné,* 1811, in-4°. Pièce. [4° Z. Larrey. **83**

(Français-allemand.)

Manuscrit de 1812, contenant le précis des événements de cette année, pour servir à l'histoire de l'empereur Napoléon, par le Bon FAIN,... — *Paris, Delaunay,* 1827, 2 vol. in-8°. [8° Z. Larrey. **304**

Almanach de la cour, de la ville et des départements pour l'année 1813... — *Paris, Janet,* (s. d.,) in-8°. [8° Z. Larrey. **148**

Manuscrit de 1813, contenant le précis des événements de cette année, pour servir à l'histoire de l'empereur Napoléon, par le Bon FAIN,... — *Paris, Delaunay,* 1824, 2 vol. in-8°. [3° Z. Larrey. **305**

Portefeuille de 1813, ou Tableau politique et militaire renfermant, avec le récit des événements de cette époque, un choix de la correspondance inédite de l'empereur Napoléon et de celle de plusieurs personnages distingués, soit français, soit étrangers, pendant la première campagne de Saxe, l'armistice de Plosswitz, le congrès de Prague et la seconde campagne de Saxe, par M. DE NORVINS. — *Paris, P. Mongie aîné,* 1825, 2 vol. in-8°. [8° Z. Larrey. **544**

Pièces officielles extraites du « Moniteur » du mardi 5 octobre 1813. — *(Paris,) imp. de D. Agasse,* (s. d.,) in-4°. [4° Z. Larrey. **122**

Buonaparte et la dernière constitution, réflexions sur l'acte constitutionnel des Français, par P.-G. ALLAIN,... — *Paris, Chanson,* 1814, in-8°. [8° Z. Larrey. **609**

Manuscrit de 1814, trouvé dans les voitures impériales prises à Waterloo, contenant l'histoire des six derniers mois du règne de Napoléon, par le Bon FAIN,... — *Paris, Bossange frères,* 1824, in-8°. [8° Z. Larrey. **306**

(*Mémoires des contemporains pour servir à l'histoire de France et principalement à celle de la république et de l'empire,* deuxième livraison; 2e édition.)

1814, par HENRY HOUSSAYE. 6e édition. (25 mars 1888.) — *Paris, Perrin,* 1888, in-16. [8° Z. Larrey. **375**

Souvenirs de 1814. Les drapeaux des Invalides, par AUGUSTE LALLEMAND,... (Mai 1864.) — *Paris, A. Aubry,* 1864, in-12. Pièce. [8° Z. Larrey. **670**

Récit d'une excursion de l'impératrice Marie-Louise aux glaciers de Savoie en juillet 1814, par M. le Bon MENEVAL,... (Septembre 1814.) — *Paris, Amyot,* (s. d.,) in-12. [8° Z. Larrey. **477**

Oraison funèbre de Buonaparte, par une Société de gens de lettres, prononcée au Luxembourg, au Palais-Bourbon, au Palais-Royal, aux Tuileries et ailleurs. 5e édition, revue, corrigée, diminuée et augmentée, avec préface, variantes et index. — *Paris, Delaunay,* 1814, in-8°. Pièce. [8° Z. Larrey. **203**

(Publié par A.-J.-Q. BEUCHOT, d'après Barbier.)

Evénements de la Guadeloupe en 1814 et pendant les cent-jours, avec une relation du procès du contre-amiral Linois, gouverneur, et de l'adjudant général Boyer-Peyreleau, commandant en second. Extrait de l' « Histoire générale des Antilles françaises depuis leur découverte », publiée en 3 vol. en 1823, par le général Boyer-Peyreleau. Précédé d'une déclaration de l'auteur à ses concitoyens et d'une notice biographique par l'éditeur. — *Alais, J. Martin,* 1849, in-8°. [8° Z. Larrey. **432**

Une Année de la vie de l'empereur Napoléon, ou Précis historique de tout ce qui s'est passé depuis le 1er avril 1814 jusqu'au 21 mars 1815, relativement à S. M. et aux braves qui l'ont accompagnée, contenant son départ de Fontainebleau, son embarquement à Saint-Rapheau près Fréjus, son arrivée à Porto-Ferrajo, son séjour à l'île d'Elbe et son retour à Paris, par A. D. B. M***, lieutenant de grenadiers... 3e édition, revue et corrigée. — *Paris, A. Eymery,* 1815, in-8°. [8° Z. Larrey. **484**

(Par A.-D.-B. MONIER, d'après Quérard.)

Le Grenadier de l'île d'Elbe, souvenirs de 1814 et 1815, par A. Barginet,... — *Paris, Mame et Delaunay-Vallée*, 1830, 2 vol. in-8°. [8° Z. Larrey. **163**

Testament d'un vieux diplomate, par andré Delrieu, ... — *Paris, Baudry*, 1846, 2 tomes en un vol. in-8°. [8° Z. Larrey. **275**

Napóleone all' isola d'Elba, secondo le carte di un archivio segreto ed altre, edite ed inedite, per giovanni Livi,... (Aprile del 1888.) — *Milano, fratelli Treves*, 1888, in-16. [8° Z. Larrey. **443**

Napoléon à l'île d'Elbe, chronique des événements de 1814 et 1815, d'après le journal du colonel sir Neil Campbell, le journal d'un détenu et autres documents inédits ou peu connus, pour servir à l'histoire du premier empire et de la restauration, recueillis par M. amédée Pichot,... (12 mars 1873.) — *Paris, E. Dentu*, 1873, in-8°. [8° Z. Larrey. **580**

1815, par henry Houssaye, la première restauration, le retour de l'île d'Elbe, les cent-jours. 2e édition. (24 février 1893.) — *Paris, Perrin*, 1893, in-8°. [8° Z. Larrey. **376**

Mon Journal. Evénements de 1815, par Louis-Philippe d'Orléans, ex-roi des Français. — *Paris, M. Lévy frères*, 1849, 2 tomes en un vol. in-12. [8° Z. Larrey. **450**

Epître à S. M. l'empereur des Français, par M. Gastinel,... — *Paris, imp. de Leblanc*, 1815, in-8°. Pièce. [8° Z. Larrey. **313**

Adresse à l'empereur, par joseph Rey,... (Mars 1815.) — *Paris, Eymery*, 31 mars 1815, in-8°. Pièce. [8° Z. Larrey. **613**

De Napoléon, publié par M. de Sénancour. 2e édition, avec des changements. — *Paris, Laurent-Beaupré*, (s. d.,) in-8°. Pièce. [8° Z. Larrey. **614**

Lettre d'un Français à l'empereur sur la situation de la France et de l'Europe et sur la constitution qu'on nous prépare. — *Paris, Delaunay*, avril 1815, in-8°. Pièce. [8° Z. Larrey. **610**
(Par J.-P.-G. Viennet, d'après Barbier.)

Acte additionnel aux constitutions de l'empire. Paris, le 22 avril 1815 (extrait du « Moniteur »). — *Paris, imp. de Vve Jeunehomme*, (s. d.,) in-8°. Pièce. [8° Z. Larrey. **607**

Appel aux promesses de l'empereur, par le chevalier henri de Lacoste,... — *Paris, Chaumerot jeune*, mai 1815, in-8°. Pièce. [8° Z. Larrey. **611**

Opinion d'un Français sur l'acte additionnel aux constitutions de l'empire et sur les décrets y relatifs. — *Paris, Delaunay*, 1er mai 1815, in-8°. [8° Z. Larrey. **608**
(Par N. de Salvandy, d'après Barbier.)

Suite au retour de l'empereur, par hypolite de Livry. — *Paris, Chaumerot jeune*, 15 mai 1815, in-8°. [8° Z. Larrey. **434**

A S. M. l'empereur Napoléon. (2 juin 1815.) — *Paris, Chaumerot*, 1815, in-8°. Pièce. [8° Z. Larrey. **612**
(Par Collot, d'après Barbier.)

Les Cent-Jours, par M. Capefigue. (15 juin 1841.) — *Paris, Langlois et Leclercq*, 1841, 2 vol. in-8°. [8° Z. Larrey. **227**

Correspondance inédite du général Carnot avec Napoléon pendant les cent-jours. — *Paris, Plancher*, 1819, in-8°. [8° Z. Larrey. **229**

Mémoires sur les cent-jours, en forme de lettres, avec des notes et documents inédits, par M. benjamin Constant. Nouvelle édition, augmentée d'une introduction. — *Paris, Pichon et Didier*, 1829, in-8°. [8° Z. Larrey. **254**

Esquisse historique sur les cent-jours et fragments inédits relatifs aux séances secrètes des chambres, à la marche du gouvernement provisoire et aux négociations d'Haguenau. — *Paris, Baudouin frères*, 1819, in-8°. [8° Z. Larrey. **510**

Mémoires pour servir à l'histoire de la vie privée, du retour et du règne de Napoléon en 1815, par M. Fleury de Chaboulon,... — *London, J. Murray*, 1819-1820, 2 tomes en un vol. in-8°. [8° Z. Larrey. **326**

Souvenirs historiques du capitaine Krettly, ancien trompette major des guides d'Italie, d'Egypte et des chasseurs à cheval de la garde impériale, etc., devant fournir quelques documents importants aux écrivains qui feront l'histoire du Midi pendant les cent-jours, par F. GRANDIN,... — *Paris, Biard*, 1838, in-8°. [8° Z. Larrey. **347**

(Tome Ier.)

Histoire des cent-jours, ou dernier Règne de l'empereur Napoléon, lettres écrites de Paris depuis le 8 avril 1815 jusqu'au 20 juillet de la même année, traduites de l'anglais de J. HODHOUSE,... — *Paris, Domère*, 1819, in-8°.
[8° Z. Larrey. **372**

La Vérité sur les cent-jours, principalement par rapport à la renaissance projetée de l'empire romain, par un citoyen de la Corse. — *Bruxelles, H. Tarlier*, 1825, in-8°.   [8° Z. Larrey. **433**

(Par le Cte LIBRI-BAGNANO, d'après Quérard.)

Nuits de l'abdication de l'empereur Napoléon. (Par SAINT-DIDIER.) — *Paris, Plancher*, août 1815, in-8°. Pièce.
[8° Z. Larrey. **435**

La Chute de l'empire, drame-épopée, précédé d'une introduction historique, ou considérations sur l'avenir de l'Europe. — *Paris, Paulin*, 1836, in-8°.
[8° Z. Larrey. **448**

(Par E. CHARRIÈRE, d'après Barbier.)

La Chute de Napoléon, poème, par J.-P. COLLOT,... (16 décembre 1840.) — *Paris, Firmin-Didot frères*, 1841, in-8°.
[8° Z. Larrey. **316**

Les derniers Jours de l'empire, poème en quatre chants : l'île d'Elbe, le retour, Waterloo, Sainte-Hélène ; suivi de notes historiques et de poésies diverses, souvenirs de 1816 à 1830, par CHARLES DE MASSAS. — *Paris, Swarz et Gagnot*, 1842, in-8°.   [8° Z. Larrey. **323**

Histoire des traités de 1815 et de leur exécution, publiée sur les documents officiels et inédits, par J. CRÉTINEAU-JOLY. — *Paris, Colomb de Batines*, 1842, in-8°.   [8° Z. Larrey. **264**

Relation du capitaine MAITLAND, ex-commandant du *Bellérophon*, concernant l'embarquement et le séjour de l'empereur Napoléon à bord de ce vaisseau, traduite de l'anglais par J.-T. Parisot,... (25 juin 1826.) — *Paris, Baudouin frères*, 1826, in-8°.
[8° Z. Larrey. **456**

Extract from a diary of rear-admiral sir GEORGE COCKBURN, with particular reference to gen. Napoleon Buonaparte, on passage from England to St Helena in 1815, on board H. M. S. *Northumberland*... — *London, Simpkin, Marshall and C°*, 1888, in-16. [8° Z. Larrey. **246**

(Le faux titre porte : *Napoléon's last voyage.*)

Souvenirs du voyage à Sainte-Hélène, par M. l'abbé F. COQUEREAU,... — *Paris, H.-L. Delloye*, 1841, in-8°.
[8° Z. Larrey. **255**

Journal écrit à bord de la frégate la *Belle-Poule*, par EMM^{el} B^{on} DE LAS CASES, membre de la mission de Sainte-Hélène... — *Paris, H.-L. Delloye*, 1841, in-8°.   [8° Z. Larrey. **425**

Correspondance de GUILLAUME WARDEN, chirurgien à bord du vaisseau de Sa Majesté britannique le *Northumberland*, qui a conduit Napoléon Buonaparte à l'île de Sainte-Hélène. — *Bruxelles, T. Parkin*, 1817, in-8°.
[8° Z. Larrey. **703**

(Le faux titre porte : *Lettres de Sainte-Hélène.*)

Recollections of the emperor Napoleon during the first three years of his captivity on the island of St Helena, including the time of his residence at her father's house, « the Briars », by Mrs ABELL,... 2^d edition. — *London, J. Murray*, 1845, in-16.
[8° Z. Larrey. **141**

Sainte-Hélène, ou Souvenir d'un voyage aux grandes Indes, poème, par E. CHARRIÈRE. — *Paris, Ponthieu*, 1826, in-8°. Pièce.   [8° Z. Larrey. **315**

Documents pour servir à l'histoire de la captivité de Napoléon Bonaparte à Sainte-Hélène, ou recueil de faits curieux sur la vie qu'il y menait, sur sa maladie et sur sa mort... — *Paris, Pillet aîné*, 1821, in-16. [8° Z. Larrey. **284**

Chagrins domestiques de Napoléon Bonaparte à l'île Sainte-Hélène. Précédé de faits historiques de la plus haute importance, le tout de la main de Napoléon ou écrit sous sa dictée, papiers enlevés de son cabinet dans la nuit du 4 au 5 mai 1821 et publiés par EDWIGE SANTINÉ,... Suivi de notes précieuses sur les six derniers mois de la vie de Napoléon. — *Paris, G. Mathiot*, septembre 1821, in-16. [8° Z. Larrey. **286**

(D'après Quérard, EDWIGE SANTINÉ est le pseudonyme de CH. DORIS.)

La Captivité de Sainte-Hélène, d'après les rapports inédits du Mis de Montchenu, commissaire du gouvernement du roi Louis XVIII dans l'île, par GEORGES FIRMIN-DIDOT,... — *Paris, Firmin-Didot*, 1894, in-8°.
[8° Z. Larrey. **325**

Napoléon à Sainte-Hélène. Opinion d'un médecin sur la maladie de l'empereur Napoléon et sur la cause de sa mort, offerte à son fils au jour de sa majorité, par J. HÉREAU,... (Novembre 1828.) — *Paris, F. Louis*, 1829, in-8°.
[8° Z. Larrey. **367**

Le Martyr de Sainte-Hélène, histoire de la captivité de Napoléon Ier, par ADOLPHE HUARD,... Nouvelle édition,... — *Paris, E. Rome*, (s. d.,) in-12.
[8° Z. Larrey. **378**

Epître au Cte de Las-Cases sur le « Mémorial de Sainte-Hélène », précédée d'un chant triomphal sur la délivrance de la Grèce, par ÉMILE DE LA BRETONNIÈRE. — *Paris, Véret*, 1825, in-8°. Pièce.
[8° Z. Larrey. **314**

Mémoires d'EMMANUEL-AUGUSTE-DIEUDONNÉ Cte DE LAS CASAS, contenant l'histoire de sa vie, une lettre écrite par lui de S^{té}-Hélène à Lucien Bonaparte, laquelle donne les détails circonstanciés du voyage de Napoléon à cette île, de sa manière d'y vivre et des traitements qu'il y éprouve, ainsi qu'une lettre adressée à lord Bathurst par le Cte de Las Casas à son arrivée à Francfort. — *Paris, L'Huillier*, 1819, in-8°.
[8° Z. Larrey. **419**

Mémorial de Sainte-Hélène, par le Cte DE LAS CASES. Suivi de Napoléon dans l'exil, par MM. O'Méara et Antomarchi, et de l'historique de la translation des restes mortels de l'empereur Napoléon aux Invalides. — *Paris, E. Bourdin*, 1842, 2 vol. gr. in-8°.
[4° Z. Larrey. **106**

(Le faux titre porte : *Mémorial de Ste-Hélène, illustré par Charlet*.)

Suite au « Mémorial de Sainte-Hélène », ou observations critiques, anecdotes inédites pour servir de supplément et de correctif à cet ouvrage... — *Paris, Raynal*, 1825, in-12.
[8° Z. Larrey. **351**

(Par JOSEPH-FRANÇOIS GRILLE et VICTOR-DONATIEN MUSSET-PATHAY, d'après Barbier.)

Manuscrit venu de Ste-Hélène d'une manière inconnue. 4e édition. — *London, J. Murray*, 1817, in-8°.
[8° Z. Larrey. **451**

(Par LULLIN DE CHATEAUVIEUX, d'après Barbier.)

Manuscrit venu de Sainte-Hélène... — *Lyon, imp. de A. Vingtrinier*, 1857, in-8°.
[8° Z. Larrey. **452**

(Par LULLIN DE CHATEAUVIEUX, d'après Barbier. — Publié par Achille Du Bled.)

Manuscrit venu de Sainte-Hélène, suivi de l'éloge funèbre de Napoléon Ier, prononcé sur sa tombe par le maréchal Bertrand, publié par M. Achille Du Bled,... 2e édition. — *Lyon, imp. de A. Vingtrinier*, 1858, in-12.
[8° Z. Larrey. **453**

(Par LULLIN DE CHATEAUVIEUX, d'après Barbier.)

Sainte-Hélène, par E. MASSELIN,... Dessins de Staal, d'après les croquis de l'auteur. — *Paris, H. Plon*, 1862, in-8°.
[8° Z. Larrey. **466**

Récits de la captivité de l'empereur Napoléon à Sainte-Hélène, par M. le général MONTHOLON,... — *Paris, Paulin*, 1847, 2 vol. in-8°. [8° Z. Larrey. **491**

Exil et captivité de Napoléon, extraits du « Mémorial de Ste-Hélène » par le Cte de Las Cases et des Mémoires d'O'Méara, Montholon, Santini, etc., vie intime, souvenirs, anecdotes, épisodes, faits et paroles mémorables du grand homme et du grand empereur, recueillis par ses amis, ses confidents, ses serviteurs et ses compagnons d'armes, ouvrage rédigé et mis en ordre par ACHILLE MOREAU,... — *Paris, B. Renault*, 1846, in-8°. [8° Z. Larrey. **493**

Napoléon dans l'exil, ou une Voix de Sainte-Hélène. opinions et réflexions de l'empereur des Français sur les événements les plus importants de sa vie et de son règne, rapportées textuellement d'après ses propres entretiens par BARRY E. O'MÉARA,... Traduit de l'anglais sous les yeux de l'auteur et augmenté de plusieurs anecdotes et pièces inédites par A. Roy. (24 avril 1823.) — *Londres, W. Simpkin et R. Marshall*, 1823, 2 vol. in-8°... [8° Z. Larrey. **547**

Relation des événements arrivés à Sainte-Hélène postérieurement à la nomination de sir Hudson Lowe au gouvernement de cette île, en réponse à une brochure anonyme intitulée : « Faits démonstratifs des traitements qu'on a fait éprouver à Napoléon Bonaparte, confirmés par une correspondance et des documents officiels », etc. Par BARRY E. O'MÉARA,... — *Paris, Chauvcrot jeune*, juillet 1819, in-8°.
[8° Z. Larrey. **420**

(Un autre exemplaire porte la cote : 8° Z. Larrey. 548.)

Recueil de pièces authentiques sur le captif de Ste-Hélène, de mémoires et documents écrits ou dictés par l'empereur Napoléon, suivis de lettres de MM. le grand maréchal Cte Bertrand, le Cte Las Cases, le général Bon Gourgaud, le général Cte Montholon, les DD. Warden, O'Méara et Autommarchi, et plusieurs personnages de haute distinction. — *Paris, A. Corréard*, 1821-1825, in-8°. [8° Z. Larrey. **602**

(Tomes I-V, XI et XII.)

Jacques Saint-Cère et H. Schlitter. Napoléon à Sainte-Hélène. Rapports officiels du Bon Sturmer, commissaire du gouvernement autrichien. — *Paris, librairie illustrée*, (s. d.,) in-18. [8° Z. Larrey. **672**

Mémoires du Dr F. Autommarchi, ou les derniers Moments de Napoléon. — *Paris, Barrois aîné*, 1825, 2 vol. in-8°. [8° Z. Larrey. **151**

(Avec l'atlas gr. in-fol. paru en 1824 et contenant : 1° carte de l'île de Sainte-Hélène, 2° plan général de Longwood, 3° vue de Longwood (Ste-Hélène 1820), 4° vue de Géranium-Vallée le 8 mai 1821 au moment de l'inhumation de Napoléon. [Gr. fol. Z. Larrey. 3]

La Mort de Napoléon, drame en cinq actes, par P. Cecconi,... — *Paris, l'auteur*, 1840, in-8°. [8° Z. Larrey. **232**

(Avec le texte italien en regard.)

Testament de Napoléon, précédé de documents curieux et officiels sur la vie et les derniers moments de ce grand capitaine, publiés par J. Dourille,... — *Paris, Lerosey*, 1830, in-32. [8° Z. Larrey. **526**

Les Cendres du prisonnier de Sainte-Hélène, ode, traduite de l'anglais. — *Paris, imp. de A. Bobée*, 1821, in-8°. Pièce. [8° Z. Larrey. **567**

5 Mai, anniversaire de la mort de l'empereur, par J. de Susini,... — *Paris, chez les marchands de nouveautés*, 1840, in-8°. Pièce. [8° Z. Larrey. **319**

L'Empereur et l'exil. Suivi du Prologue des batailles, par J. de Susini. — *Paris, chez les marchands de nouveautés*, 1840, in-8°. Pièce. [8° Z. Larrey. **318**

Les Cendres de Napoléon, par T. Villenave fils... (16 mai 1840.) — *Paris, imp. de Fain et Thunot*, (s. d.,) in-8°. Pièce. [8° Z. Larrey. **321**

Aux Cendres de Napoléon, par L.-F. Baour-Lormian,... — *Paris, Bohaire*, 1840, in-8°. Pièce. [8° Z. Larrey. **320**

Lettres sur l'expédition de Sainte-Hélène en 1840, par Arthur Bertrand,... — *Paris, Paulin*, 1841, in-12. [8° Z. Larrey. **183**

Noël Santini. De Sainte-Hélène aux Invalides, d'après les documents officiels et les manuscrits de Noël Santini, gardien du tombeau de l'empereur, précédés de lettres de MM. le Cte E. de Las Cases, Cte Marchand, A. Le Roy, etc., par J. Chautard,... 2e édition, augmentée... (28 mars 1854.) — *Paris, Ledoyen*, 1854, in-8°. [8° Z. Larrey. **242**

Convoi de l'empereur (Napoléon Ier). — *(S. l.,)* (s. d.,) in-4°. [4° Z. Larrey. **88**

Le Retour de l'empereur, suivi de : Lui, Bounaberdi (orientale). Première ode à la colonne. Souvenir d'enfance (l'empereur au Panthéon). Deuxième ode à la colonne. Le grand homme vaincu. Napoléon II. A Laure, D^{chesse} d'Abrantès. A l'arc de triomphe de l'Etoile. Le 15 décembre 1840. Par Victor Hugo. — *Paris, Furne*, (s. d.,) in-16. [8° Z. Larrey. **380**

Le Tombeau de Napoléon, par Frédéric Soulié. — *Paris, Marchant*, 1840, in-16. Pièce. [8° Z. Larrey. **666**

Les Funérailles, par Étienne Conti. — *Ajaccio, imp. de G. Marchi*, 1841, in-8°. Pièce. [8° Z. Larrey. **322**

Napoléon à Paris, ou translation de ses cendres sous le dôme des Invalides. Précédé du précis de tout ce qui s'est passé depuis la mort de Napoléon à Sainte-Hélène jusqu'au 15 décembre 1840, par M. le ..... ex-ministre de S. M. impériale et royale. — *Paris, P.-H. Krabbe*, 1842, in-8°. [8° Z. Larrey. **534**

L'Ombre du grand homme, chant patriotique à la mémoire de Napoléon, par Alexandre Saint-Saëns, publié pour l'anniversaire de ses funérailles, le 15 décembre 1848. — *Paris, Pilou*, (s. d.,) in-8°. Pièce. [8° Z. Larrey. **568**

Inauguration du tombeau de l'empereur Napoléon Ier dans l'église des Invalides, le dimanche 8 mai 1853, poésie par A.-P. Bisson,... — *Paris, imp. de Guiraudet et Jouaust*, 1853, in-8°. Pièce. [8° Z. Larrey. **569**

Tombeau de Napoléon Ier, érigé dans le dôme des Invalides par M. Visconti, architecte de S. M. l'empereur. — *Paris, L. Curmer*, 1853, in-12.
[8° Z. Larrey. **668**

(Par AUGUSTE-PHILIBERT CHALONS D'ARGÉ, d'après Barbier.)

Le Tombeau de Napoléon Ier aux Invalides, notice par M. ALBERT LENOIR, ... ornée de 43 gravures sur bois. — *Paris, Martinon*, 1855, in-4°.
[4° Z. Larrey. **108**

§ 6.
Généralités de l'histoire militaire.

Barginet (A.). — La 32e Demi-Brigade, chronique militaire du temps de la république, par A. Barginet,... (15 mai 1832.) — *Paris, Mame-Delaunay*, 1832, in-8°. [8° Z. Larrey. **164**

Berthezène (B^on). — Souvenirs militaires de la république et de l'empire, par le Bon Berthezène,... publiés par son fils... (10 décembre 1854.) — *Paris, J. Dumaine*, 1855, 2 vol. in-8°.
[8° Z. Larrey. **179**

Bigot (Charles). — Charles Bigot. Gloires et souvenirs militaires, d'après les Mémoires du canonnier Bricard, du maréchal Bugeaud, du capitaine Coignet, d'Amédée Delorme, du timonier Ducor, du général Ducrot, de Maurice Dupin, du lieutenant général duc de Fézensac, du sergent Fricasse, de l'abbé Lanusse, du général de Marbot, du maréchal Marmont, duc de Raguse, de Charles Mismer, du colonel de Montagnac, de Napoléon Ier, du maréchal de Saint-Arnaud, du Cte Philippe de Ségur, du général de Sonis, du colonel Vigo-Roussillon. — *Paris, Hachette*, 1894, gr. in-8°. [4° Z. Larrey. **42**

Bousson de Mairet (Emm.). — Souvenirs militaires du Bon Desvernois, ancien général au service de Joachim Murat, roi de Naples... rédigés, d'après les documents authentiques, par Emm. Bousson de Mairet. (25 mai 1858.) — *Paris, C. Tancra*, 1858, in-8°. [8° Z. Larrey. **215**

Bricard. — Mémoires de soldats. Journal du canonnier Bricard, 1792-1802, publié pour la première fois par ses petits-fils, Alfred et Jules Bricard, avec introduction de Lorédan Larchey. — *Paris, C. Delagrave*, 1891, in-16.
[8° Z. Larrey. **219**

Bulletins officiels de la grande armée, recueillis et publiés par Alexandre Goujon,... — *Paris, Baudouin frères*, 2 décembre 1820-15 avril 1821, 3 vol. in-12. [8° Z. Larrey. **221**

Christian (P.). — Histoires héroïques des Français racontées à S. A. Mgr le prince impérial par Christian,... 3° édition, revue et continuée jusqu'à nos jours. — *Paris, l'auteur*, 1863, in-16.
[8° Z. Larrey. **245**

Coignet (Capitaine). — Les Cahiers du capitaine Coignet (1776-1850), publiés, d'après le manuscrit original, par Lorédan Larchey, illustrés, par J. Le Blant. — *Paris, Hachette*, 1888, in-fol.
[Fol. Z. Larrey. **25**

Coignet (Capitaine). — Les Cahiers du capitaine Coignet (1799-1815), publiés par Lorédan Larchey, d'après le manuscrit original... (22 septembre 1882.) — *Paris, Hachette*, 1883, in-16.
[8° Z. Larrey. **249**

Collection des types de tous les corps et des uniformes militaires de la république et de l'empire, 50 planches coloriées... d'après les dessins de M. Hippolyte Bellangé. — *Paris, J.-J. Dubochet*, 1844, gr. in-8°. [4° Z. Larrey. **87**

Fezensac (Duc de). — Souvenirs militaires de 1804 à 1814, par M. le duc de Fezensac, général de division... 3° édition. — *Paris, J. Dumaine*, 1869, in-12. [[8° Z. Larrey. **486**

Fezensac (Duc de). — Souvenirs militaires de 1804 à 1814, par M. le duc de Fezensac,... 4° édition. — *Paris, J. Dumaine*, 1870, in-12.
[8° Z. Larrey. **487**

Fieffé (Eugène). — Napoléon Ier et la garde impériale; texte par Eugène Fieffé,... dessins par Raffet. — *Paris, Furne fils*, 1859, in-4°.
[4° Z. Larrey. **95**

Gouvion Saint-Cyr (Maréchal). — Mémoires pour servir à l'histoire militaire sous le directoire, le consulat et l'empire, par le maréchal Gouvion Saint-Cyr. — *Paris, Anselin*, 1831, 4 vol. in-8°. [8° Z. Larrey. **346**

Larrey (Bon D.-J.). — Mémoires de chirurgie militaire et campagnes du Bon D.-J. Larrey,... Tome IV. — *Paris, J. Smith*, 1817, in-8°.
[8° Z. Larrey. **417**

L'Héritier (L.-Fr.). — Fastes de la gloire. Collection de 50 gravures représentant des sujets militaires, gravées par Ad. Godefroy, d'après les dessins de Chasselat, pouvant servir d'atlas à tous les ouvrages militaires contemporains, accompagnées d'un précis des guerres de la révolution jusqu'en 1815, servant de texte à ces gravures. — *Paris, Raymond,* (s. d.,) in-8° oblong.
[8° Z. Larrey. **442**

(Par L.-Fr. L'Héritier, d'après Quérard.)

Loudun (Eugène). — Les Victoires de l'empire, campagnes d'Italie, d'Egypte, d'Autriche, de Prusse, de Russie, de France et de Crimée, par Eugène Loudun. (Mai 1859.) — *Paris, P. Dupont,* 1859, in-18.
[8° Z. Larrey. **449**

(Bibliothèque des campagnes.)

Maingarnauld (Victor). — Campagnes de Napoléon, telles qu'il les conçut et exécuta, suivies de documents qui justifient sa conduite militaire et politique, par Victor Maingarnauld,... — *Paris, Everat,* 1827, 2 vol. in-8°.
[8° Z. Larrey. **455**

Martin (Jacques-François). — Souvenirs d'un ex-officier (1812-1815). (Décembre 1865.) — *Paris, Cherbuliez,* 1867, in-16.
[8° Z. Larrey. **464**

(Par Jacques-François Martin, d'après Barbier.)

Pascal (Adrien). — Les Bulletins de la grande armée, précédés des rapports sur l'armée française, depuis Toulon jusqu'à Waterloo, extraits textuellement du « Moniteur » et des « Annales de l'empire », histoire militaire du général Bonaparte et de l'empereur Napoléon, avec des notes historiques et biographiques sur chaque officier, par Adrien Pascal. — *Paris, Lesage,* 1841-1844, 6 tomes en 3 vol. in-8°.
[8° Z. Larrey. **554**

Perrot (A.), **Amoudru** (Cl.). — Histoire de l'ex-garde, depuis sa formation jusqu'à son licenciement, comprenant les faits généraux des campagnes de 1805 à 1815, son organisation, sa solde, ses indemnités, le rang, le service, la discipline, les uniformes de ses divers corps, terminée par une biographie des chefs supérieurs de la garde. — *Paris, Delaunay,* 1821, in-8°.
[8° Z. Larrey. **559**

(Par A. Perrot et Cl. Amoudru, d'après Barbier.)

Pétiet (Général B°⁰ Auguste). — Souvenirs militaires de l'histoire contemporaine, par le général B°⁰ Auguste Pétiet,... — *Paris, Dumaine,* 1844, in-8°.
[8° Z. Larrey. **561**

Ponson Du Terrail, Lascaux (P. de). — L'Italie sous la domination autrichienne, histoire des campagnes de 1796 et 1859, par MM. Ponson Du Terrail et P. de Lascaux. — *Paris, imp. de Walder,* 1860, gr. in-8°.
[4° Z. Larrey. **123**

Rambaud (Alfred). — La Domination française en Allemagne. L'Allemagne sous Napoléon I⁰ʳ (1804-1811), par Alfred Rambaud,... 3ᵉ édition. — *Paris, E. Perrin,* (s. d.,) in-12.
[8° Z. Larrey. **597**

Rigau (Colonel). — Souvenirs des guerres de l'empire, réflexions, pensées, maximes, anecdotes, lettres diverses, testament philosophique, suivis d'une notice sur le général Rigau, par le colonel de cavalerie Rigau,... — *Paris, A. Poilleux,* 1846, in-8°.
[8° Z. Larrey. **625**

(Le titre de départ, page 3, porte : *Ma Vie militaire, ou Souvenirs des guerres de l'empire.*)

Saint-Hilaire (Emile Marco de). — Histoire anecdotique, politique et militaire de la garde impériale, par Emile Marco de Saint-Hilaire, illustrée par H. Bellangé, E. Lamy, de Moraine, Ch. Vernier, musique des marches et fanfares de la garde transcrite par Alexandre Goria. (15 août 1845.) — *Paris, E. Penaud,* 1847, gr. in-8°.
[4° Z. Larrey. **126**

Saint-Hilaire (Emile Marco de). — Napoléon en campagne, scènes de la vie militaire, pour faire suite aux « Souvenirs intimes du temps de l'empire », par Emile Marco de Saint-Hilaire,... — *Paris, Recoules,* 1845, 2 tomes en un vol. in-8°.
[8° Z. Larrey. **644**

Saint-Hilaire (Emile Marco de). — La Veuve de la grande armée, roman historique entièrement inédit, par Emile Marco de Saint-Hilaire. (Novembre 1844.) — *Paris, V. Magen,* 1845, 2 tomes en un vol. in-8°.
[8° Z. Larrey. **647**

Ségur (Général Cte de). — De 1800 à 1812. Un aide de camp de Napoléon. Mémoires du général Cte de Ségur,... Edition nouvelle, publiée par les soins de son petit-fils, le Cte Louis de Ségur. 4° mille. — *Paris, Firmin-Didot, 1894,* in-18. [8° Z. Larrey. **656**

Thoumas (Général). — Général Thoumas. Autour du Drapeau tricolore, 1789-1889, campagnes de l'armée française depuis cent ans... — *Paris, A. Le Vasseur,* (s. d.,) gr. in-8°. [4° Z. Larrey. **132**

Vernet (Carle). — Campagnes des Français sous le consulat et l'empire. Album de cinquante-deux batailles et de cent portraits des maréchaux, généraux et personnages les plus illustres de l'époque, et le portrait de Napoléon Ier, accompagné d'un fac-similé de sa signature. Collection de 60 planches, dite Carle Vernet,... faite d'après les tableaux de ce grand maître et les dessins de Swebach. — *Paris, 22, rue Visconti,* (s. d.,) gr. in-fol. [Gr. fol. Z. Larrey. **8**

(Un autre exemplaire porte la cote : Gr. fol. Z. Larrey. 9.)

Vernet (Carle). — Campagnes des Français sous le consulat et l'empire, album de cinquante-deux batailles et cent portraits des maréchaux, généraux et personnages les plus illustres de l'époque, et le portrait de Napoléon Ier, accompagné d'un fac-similé de sa signature. Collection de 60 planches, dite Carle Vernet,... faite d'après les tableaux de ce grand maître et les dessins de Swebach. — *Paris, administration des journaux réunis,* (s. d.,) gr. in-fol. [Gr. fol. Z. Larrey. **7**

Voïart (J.-Ph.). — Monuments des victoires et conquêtes des Français, de 1792 à 1815. — *Paris, Panckoucke, 1829,* in-fol. oblong. [Fol. Z. Larrey. **36**

(Texte par J.-Ph. Voïart, planches par Ambr. Tardieu, d'après Barbier. — Le titre manque.)

Yung. — Album de vingt batailles de la révolution et de l'empire, d'après les aquarelles de M. Yung. — *Paris, Plon, 1860,* pet. in-fol. oblong. [Département des estampes. Qe. **31 a.**

§ 7.
Détails
de l'histoire militaire.

Journal de marche d'un volontaire de 1792 (le sergent Fricasse), publié pour la première fois par Lorédan Larchey, d'après le manuscrit original déposé à la bibliothèque de l'Arsenal. — *Paris, 13, quai Voltaire,* (s. d.,) in-18. [8° Z. Larrey. **416**

Histoire chronologique des opérations de l'armée du Nord et de celle de Sambre-et-Meuse, depuis le mois de germinal de l'an II (fin mars 1794) jusqu'au même mois de l'an III (1795), tirée des livres d'ordre de ces deux armées par le citoyen David,... — *Paris, imp. de Guerbart,* (s. d.,) in-8°. [8° Z. Larrey. **270**

(Le faux titre porte : *Campagnes du général Pichegru aux armées du Nord et de Sambre-et-Meuse.*)

Précis historique des campagnes de l'armée de Rhin-et-Moselle pendant l'an IV et l'an V... par le citoyen Dedon l'aîné... — *Paris, Magimel,* (s. d.,) in-8°. [8° Z. Larrey. **272**

Campagnes des Français en Italie, ou Histoire militaire, politique et philosophique de la révolution, par C.-L.-G. Desjardins. — *Paris, Ponthieu, an VI,* 4 vol. in-8°. [8° Z. Larrey. **280**

Campagne du général Buonaparte en Italie pendant les années IVe et V^e de la république française, par un officier général. — *Paris, Plassan, an V (1797),* in-8°. [8° Z. Larrey. **586**

(Par François-René-Jean de Pommereuil, d'après Barbier.)

Histoire des guerres d'Italie, précédée d'une introduction, contenant les campagnes des Alpes, depuis 1792 jusqu'en 1796, par M. X.-B. Saintine,... — *Paris, A. Dupont, 1827,* in-8°. [8° Z. Larrey. **651**

(Histoire militaire des Français par campagnes, depuis le commencement de la révolution jusqu'à la fin du règne de Napoléon, dédiée aux vétérans de l'armée.)

Histoire des guerres d'Italie, par X.-B. Saintine,... — *Paris, A. Dupont, 1828,* in-16. [8° Z. Larrey. **652**

Tableaux historiques des campagnes d'Italie, depuis l'an IV jusqu'à la bataille de Marengo, suivis du précis des opérations de l'armée d'Orient... tirés des rapports officiels et de la correspondance de Napoléon le Grand. Toutes les vues ont été prises sur les lieux mêmes, et les estampes sont gravées d'après les dessins originaux de Carle Vernet. — *Paris, Auber, 1806,* gr. in-fol. [Gr. fol. Z. Larrey. **13**

Histoire de la campagne d'Italie sous le règne de Napoléon le Grand, par C.-A. THIBAUDEAU. Nouvelle édition... Tome III. — *Paris, imp. de Mme Huzard*, 1839, in-8°. [8° Z. Larrey. **679**

Histoire de l'expédition d'Egypte et de Syrie, par M. ADER, revue, pour les détails stratégiques, par M. le général Beauvais. 3e édition... — *Paris, A. Dupont*, 1827, in-16. [8° Z. Larrey. **146**

Armée d'Orient. Ordres du jour. — *Le Caire, imp. nationale*, (s. d.,) in-fol. [Fol. Z. Larrey. **21**

(Ordres du jour du 12 fructidor an VII au 10 ventôse an IX. — Titre manuscrit.)

Observations sur la maladie appelée peste, le flux dissentérique, l'ophtalmie d'Egypte et les moyens de s'en préserver, avec des notions sur la fièvre jaune de Cadix et les projets et plan d'un hôpital pour le traitement des maladies épidémiques et contagieuses, par ASSALINI,... — *Paris, l'auteur*, an IX, in-12. [8° Z. Larrey. **152**

(Exemplaire provenant de la bibliothèque du premier consul.)

Napoléon en Egypte, poème en 8 chants, par BARTHÉLEMY et MÉRY. 6e édition. — *Paris, A. Dupont*, 1828, in-8°. [8° Z. Larrey. **167**

Napoléon en Egypte, Waterloo et le Fils de l'homme, par BARTHÉLEMY et MÉRY. Précédés d'une notice littéraire par M. Tissot,... Edition illustrée par Horace Vernet et H^te Bellangé. — *Paris, E. Bourdin*, (s. d.,) gr. in-8°. [4° Z. Larrey. **41**

Relation des campagnes du général Bonaparte en Egypte et en Syrie, par le général de division BERTHIER,... — *Paris, imp. de P. Didot aîné*, an IX, in-8°. [8° Z. Larrey. **181**

Le Directoire et l'expédition d'Egypte, étude sur les tentatives du directoire pour communiquer avec Bonaparte, le secourir et le ramener, par le Cte BOULAY DE LA MEURTHE. (25 avril 1885.) — *Paris, Hachette*, 1885, in-16. [8° Z. Larrey. **212**

Les Français en Egypte, ou Souvenirs des campagnes d'Egypte et de Syrie par un officier de l'expédition, recueillis et mis en ordre par J.-J.-E. Roy. 7e édition. — *Tours, A. Mame et fils*, 1875, in-8°. [8° Z. Larrey. **234**

(Par le colonel CHALBRAND, d'après Barbier. — Le faux titre porte : *Bibliothèque de la jeunesse chrétienne.*)

Campagne de Bonaparte en Egypte et en Syrie, par un officier de la 32e demi-brigade. — *Paris, 30, rue Saint-André-des-Arts*, 1832, in-18. [8° Z. Larrey. **237**

(Par CHANUT, d'après Quérard.)

Correspondance de l'armée française en Egypte, interceptée par l'escadre de Nelson, publiée à Londres, avec une introduction et des notes de la chancellerie anglaise, traduites en français, suivies d'observations, par E.-T. Simon,... — *Paris, Garnery*, an VII, in-8°. [8° Z. Larrey. **256**

Correspondance intime de l'armée d'Egypte, interceptée par la croisière anglaise. Introduction et notes, par Lorédan Larchey,... — *Paris, R. Pincebourde*, 1866, in-16. [8° Z. Larrey. **257**

(Bibliothèque originale.)

Voyage dans la basse et la haute Egypte, pendant les campagnes du général Bonaparte, par VIVANT DENON. — *Paris, imp. de P. Didot aîné*, an X (1802), in-4°. [4° Z. Larrey. **90**

Un Atlas gr. in-fol. [Gr. fol. Z. Larrey. **10**

Voyage dans la basse et la haute Egypte pendant les campagnes du général Bonaparte, par VIVANT DENON,... 4e édition. — *Paris, imp. de P. Didot aîné*, an XI (1803), 3 vol. in-12. [8° Z. Larrey. **277**

Expédition des Français en Egypte. — *Paris, Le Fuel*, (s. d.,) in-8°. [8° Z. Larrey. **301**

(Un frontispice gravé porte : *Trophées des armées françaises, de 1792 à 1815.*)

Tableau de l'Egypte pendant le séjour de l'armée française... suivi de l'état militaire et civil de l'armée d'Orient, par A. GALLAND,... — *Paris, Galland*, an XIII (1804), 2 vol. in-8°. [8° Z. Larrey. **335**

Description des pyramides de Ghizé, de la ville du Caire et de ses environs, par J. GROBERT,... — *Paris, Rémont*, an IX, in-4°. [4° Z. Larrey. **98**

Histoire scientifique et militaire de l'expédition française en Egypte, précédée d'une introduction présentant le tableau de l'Egypte ancienne et moderne, depuis les Pharaons jusqu'aux successeurs d'Aly-Bey, et suivie du récit des événements survenus en ce pays depuis le départ des Français et

sous le règne de Mohammed-Ali, d'après les mémoires, matériaux, documents inédits, fournis par MM. le Cte Belliard, maréchal Berthier, Bory de Saint-Vincent, etc... — *Paris, A.-J. Dénain,* 1830-1836, 10 vol. in-8°.
[8° Z. Larrey. **622**

Tomes I-II. Histoire ancienne, par LOUIS REYBAUD, Mis DE FORTIA D'URBAN, MARCEL.

Tomes III-VIII. Histoire de l'expédition française en Egypte, par LOUIS REYBAUD.

Tomes IX-X. Histoire moderne (1801-1834), par A. DE VAULABELLE.

Deux Atlas in-4°. [4° Z. Larrey. **103**

Bonaparte en Egypte, pièce militaire en 5 actes et 18 tableaux, par M. FABRICE LABROUSSE,... musique de M. Fessy,... représentée pour la première fois à Paris, sur le Théâtre-National (ancien Cirque), le 25 décembre 1851. — *Paris, imp. de Vve Dondey-Dupré,* (s. d.,) in-12.
[8° Z. Larrey. **406**

Campagnes de Bonaparte à Malte, en Egypte et en Syrie, par JEAN-BAPTISTE LATTIL,... — *Marseille, imp. de Rochebrun,* floréal an X, in-8°.
[8° Z. Larrey. **426**

L'Agenda de MALUS, souvenirs de l'expédition d'Egypte, 1798-1801, publié et annoté par le général Thoumas. — *Paris, H. Champion,* 1892, in-16.
[8° Z. Larrey. **457**

Histoire de l'expédition française en Egypte, par P. MARTIN,... — *Paris, J.-M. Eberhart,* 1815, 2 vol. in-8°.
[8° Z. Larrey. **465**

Mémoires sur l'Egypte, publiés pendant les campagnes du général Bonaparte, dans les années VI et VII. — *Paris, imp. de P. Didot aîné,* an VIII, in-8°.
[8° Z. Larrey. **473**

Mémoires pour servir à l'histoire des expéditions en Egypte et en Syrie pendant les années VI, VII et VIII de la république française, par JACQUES MIOT, ... (25 germinal an XII.) — *Paris, Demonville,* an XII (1804,) in-8°.
[8° Z. Larrey. **483**

Guerre d'Orient. Campagnes d'Egypte et de Syrie, 1798-1799, mémoires pour servir à l'histoire de NAPOLÉON, dictés par lui-même à Sainte-Hélène et publiés par le général Bertrand,... — *Paris, Comon,* 1847, 2 vol. in-8°.
[8° Z. Larrey. **503**

Pièces diverses et correspondance relatives aux opérations de l'armée d'Orient en Egypte, imprimées en exécution de l'arrêté du tribunat, en date du 7 nivôse an IX de la république française. — *Paris, imp. de Baudouin,* messidor an IX, in-8°.
[8° Z. Larrey. **583**

Pièces diverses relatives aux opérations militaires et politiques du général Bonaparte. — *Paris, imp. de P. Didot aîné,* an VIII-an IX, 2 vol. in-8°.
[8° Z. Larrey. **584**
(Le titre de la seconde partie porte : *Pièces officielles de l'armée d'Egypte.*)

Mémoires du Cte REYNIER, général de division. Campagne d'Egypte. — *Paris, Baudouin frères,* 1827, in-8°.
[8° Z. Larrey. **623**
(Le faux titre porte : *Mémoires des contemporains.*)

Journal d'un officier de l'armée d'Egypte (VERTRAY). L'armée française en Egypte, 1798-1801, manuscrit mis en ordre et publié par H. Galli. — *Paris, G. Charpentier,* 1883, in-12.
[8° Z. Larrey. **696**

Journal de l'expédition anglaise en Egypte dans l'année 1800, traduit de l'anglais du capitaine TH. WALLS par M. A. T******, avec des notes fournies par d'anciens officiers de notre armée d'Egypte, un appendice contenant des pièces officielles, une introduction par M. Agoub,... — *Paris, J.-A.-S. Collin de Plancy,* 1823, in-8°.
[8° Z. Larrey. **702**
(Traduit par Alfred Thiéry, d'après Barbier.)

Journal des opérations militaires du siège et du blocus de Gênes, précédé d'un coup-d'œil sur la situation de l'armée d'Italie, depuis le moment où le général Masséna en prit le commandement jusqu'au blocus, par PAUL THIÉBAULT;... 2e édition, considérablement augmentée... — *Paris, Magimel,* an IX (1801), in-8°.
[8° Z. Larrey. **682**

Relation de la bataille de Marengo, gagnée le 25 prairial an VIII par Napoléon Bonaparte, premier consul, commandant en personne l'armée française de réserve, sur les Autrichiens aux ordres du lieutenant général Mélas, rédigée par le général ALEX. BERTHIER, ... et accompagnée de plans indicatifs des différents mouvements des troupes... — *Paris, Imp. impériale*, an XIV (1805), in-8°. [8° Z. Larrey. **180**

Histoire de l'expédition des Français à Saint-Domingue sous le consulat de Napoléon Bonaparte, par ANTOINE MÉTRAL, suivie des mémoires et notes d'ISAAC LOUVERTURE sur la même expédition et sur la vie de son père... — *Paris, Fanjat aîné*, 1825, in-8°. [8° Z. Larrey. **480**

Campagnes de la grande armée et de l'armée d'Italie en l'an XIV (1805), ou recueil des bulletins et de toutes les pièces officielles relatives à cette guerre avec l'Allemagne et la Russie, et des discours prononcés au sénat et au tribunat à cette occasion, suivi du traité de paix de Presbourg et d'un dictionnaire géographique des villes, villages, rivières et autres points où les deux armées ont livré des batailles et combats dans cette glorieuse campagne. — *Paris, librairie économique*, 1806, in-8°. [8° Z. Larrey. **225**

Recueil des bulletins des armées françaises en Allemagne et en Italie pendant la guerre de huit semaines, du 15 vendémiaire au 11 frimaire an XIV... publié par P. Periaux,... — *Paris, Petit*, 1806, in-8°. [8° Z. Larrey. **603**

La Bataille d'Austerlitz, poème. — *Paris, Allais*, 1806, in-8°. [8° Z. Larrey. **564**
(Par J.-P. BRÈS, d'après Barbier.)

La Bataille d'Austerlitz, dithyrambe latin, par M. CAUCHY,... avec une traduction française. — *Paris, imp. de P. Didot aîné*, février 1806, in-8°. Pièce. [8° Z. Larrey. **199**

Napoléon en Prusse, poème épique en douze chants... par J.-T. BRUGUIÈRE, ... — *Paris, Le Normant*, (s. d.,) in-8°. [8° Z. Larrey. **220**

Campagne de la grande armée en Saxe, en Prusse et en Pologne en l'an 1806 et l'an 1807, ou recueil des bulletins et de toutes les pièces officielles relatives à cette guerre avec la Saxe, la Prusse et la Russie, jusques et y compris les derniers traités de paix avec ces différentes puissances... — *Paris, Pougin*, 1807, in-8°. [8° Z. Larrey. **224**

Campagnes des armées françaises en Prusse, en Saxe et en Pologne, commandées en personne par S. M. l'empereur Napoléon Ier, en 1806 et 1807, ou Recueil complet des relations officielles, suivi des traités de paix de Tilsitt et d'une explication géographique de ces traités. — *Anvers, Allebé*, 1807, in-16. [8° Z. Larrey. **226**

La Bataille d'Iéna, chant improvisé par F. Gianni, imité en vers français par P.-M.-L. BAOUR-LORMIAN. — *Paris, imp. de Cordier*, (s. d.,) in-8°. Pièce. [8° Z. Larrey. **565**

Ode sur la bataille d'Yéna, le blocus des Iles Britanniques et l'affranchissement de la Pologne, par M. CROUZET,... — *Paris, imp. de la préfecture du département de la Seine*, 1806, in-8°. Pièce. [8° Z. Larrey. **200**

La Bataille d'Iéna, poème en trois chants. — *Paris, Hocquet*, octobre 1808, in-8°. Pièce. [8° Z. Larrey. **205**
(Par DAVID, consul en Bosnie, d'après Barbier.)

Bataille de Preussisch-Eylau, gagnée par la grande armée, commandée en personne par S. M. Napoléon Ier, empereur des Français, roi d'Italie, sur les armées combinées de Prusse et de Russie, le 8 février 1807, avec trois plans et deux cartes. — *Paris*, 1807, in-fol. [Fol. Z. Larrey. **22**

Die Schlacht von Eylau, gewonnen von der grossen Armee, unter persönlicher Anführung von Napoleon, Kaiser der Franzosen und König von Italien, gegen die vereinigten Armeen der Russen und Preussen, den 8 Februar 1807. — Bataille d'Eylau, gagnée par la grande armée commandée en personne par Napoléon, empereur des Français, roi d'Italie, sur les armées combinées de Russie et de Prusse, le 8 février 1807. — *(S. l.,)* (s. d.,) in-4°. Pièce. [4° Z. Larrey. **128**
... (Allemand-français.)

Nouvelle Relation de la bataille de Friedland (14 juin 1807), composée d'après les pièces du dépôt de la guerre, les communications des généraux français et les écrits les plus estimés, par M. DERODE,.... — *Paris, Anselin et G. Laguionie*, 14 octobre 1839, in-8°.
[8° Z. Larrey. **278**

Napoléon et l'Angleterre, campagne de Pologne, par le Vte DE MARQUESSAC. — *Paris, W. Coquebert*, 1842, 2 tomes en un vol. in-8°. [8° Z. Larrey. **462**

Mémoires d'un apothicaire sur la guerre d'Espagne pendant les années 1808 à 1814. — *Paris, Ladvocat*, 1828, 2 tomes en un vol. in-8°.
[8° Z. Larrey. **187**
(Par SÉBASTIEN BLAZE, d'après Barbier. — Mémoires contemporains, 2ᵉ et 3ᵉ livraisons.)

Histoire de la guerre de la péninsule, sous Napoléon, précédée d'un tableau politique et militaire des puissances belligérantes, par le général FOY, publiée par Mme la Ctesse FOY. — *Paris, Baudouin frères*, 1827, 4 vol. in-8°. [8° Z. Larrey. **686**

Mémoires sur la campagne du corps d'armée des Pyrénées-Orientales, commandé par le général Duhesme, en 1808, suivis d'un précis des campagnes de Catalogne, de 1808 à 1814... par G. LAFFAILLE,... — *Paris, Anselin et Pochard*, 1826, in-8°. [8° Z. Larrey. **408**

Sièges de Saragosse. Histoire et peinture des événements qui ont eu lieu dans cette ville ouverte pendant les deux sièges qu'elle a soutenus en 1808 et 1809... par le général Bon LEJEUNE. — *Paris, Firmin-Didot frères*, 1840, in-8°. [8° Z. Larrey. **436**

Histoire des guerres d'Espagne et de Portugal sous Napoléon (années 1808 et suivantes). — *Paris, Philippe*, 1831, 2 vol. in-8°. [8° Z. Larrey. **693**
(La dédicace est signée : VANE LONDONDERRY.)

Histoire de la guerre de la péninsule (années 1808 et suivantes), par le lieutenant général CHARLES WILLIAM VANE, Mis DE LONDONDERRY,... — *Paris, A. Bossange*, 1828, 2 vol. in-8°. [8° Z. Larrey. **692**

Notice physique, médicale et historique sur le climat, le sol et les productions de l'Espagne, considérés particulièrement sous le rapport de leur influence sur les armées étrangères qui y font ou qui y ont fait la guerre, par A. WILLAUME,... — *Paris, Gabon*, 1812, in-8°. [8° Z. Larrey. **398**

Voyage en Autriche, en Moravie et en Bavière, fait à la suite de l'armée française pendant la campagne de 1809, par le chevalier C.-L. CADET DE GASSICOURT,... — *Paris, L'Huillier*, 1818, in-8°. [8° Z. Larrey. **223**

L'ultima Guerra austriaca, cantica settima su le vittorie francesi, improvvisata da FRANCESCO GIANNI,... — *Parigi, dai torchi di P. Didot il maggiore*, 1809, in-4°. Pièce. [4° Z. Larrey. **67**
(Suivi de la traduction française de Tercy.)

Seconde Guerre de Pologne, ou Considérations sur la paix publique du continent et sur l'indépendance maritime de l'Europe, par M. M^{ce} DE MONTGAILLARD. — *Paris, Lenormand*, 1812, in-8°. [8° Z. Larrey. **489**

Relation des opérations de l'armée aux ordres du prince Joseph Poniatowski, pendant la campagne de 1809 en Pologne, contre les Autrichiens, précédée d'une notice sur la vie du prince... par ROMAN SOLTYK,... — *Paris, Gaultier-Laguionie*, 1841, in-8°. [8° Z. Larrey. **661**

Campagne de Portugal. Souvenirs militaires du temps de l'empire, par un officier supérieur du deuxième corps. Tome Ier. — *Paris, Chrétien*, 1841, in-8°. [8° Z. Larrey. **383**
(Par A. D'ILLENS, d'après Barbier.)

Napoléon en Russie, poème en six chants, par A. BIGNAN. — *Paris, Delaunay*, 1839, in-8°. [8° Z. Larrey. **185**

Itinéraire de Napoléon Ier de Smorgoni à Paris, épisode de la guerre de 1812, premier extrait des mémoires militaires et politiques inédits du Bon PAUL DE BOURGOING,... — *Paris, E. Dentu*, 1862, in-12. [8° Z. Larrey. **214**

Histoire de l'expédition de Russie, par M***... — *Paris, Pillet aîné*, 1823, 2 vol. in-8°. [8° Z. Larrey. **235**
(Par GEORGES DE CHAMBRAY, d'après Quérard.)

Itinéraire de l'empereur Napoléon pendant la campagne de 1812, par le Bon Denniée,... — *Paris, Paulin*, 1842, in-18. [8° Z. Larrey. **276**

Souvenirs du Nord, ou la Guerre, la Russie et les Russes ou l'esclavage, par M. R. Faure,... — *Paris, Pélicier*, 1821, in-8°. [8° Z. Larrey. **308**

Napoléon et la grande armée en Russie, ou Examen critique de l'ouvrage de M. le Cte Ph. de Ségur, par le général Gourgaud,... 3e édition, augmentée d'un grand nombre de pièces officielles et inédites. — *Paris, Bossange*, 1826, in-8°. [8° Z. Larrey. **345**

Histoire de la guerre de Russie en 1812, par M. Mortonval. — *Paris, A. Dupont*, 1831, in-8°. [8° Z. Larrey. **363**
(Mortonval est le pseudonyme d'Alexandre-Fursy Guesdon, d'après Quérard.)

Relation complète de la campagne de Russie. — *(S. l.,)* (s. d.,) in-8°.
[8° Z. Larrey. **618**

Les Français en Russie, souvenirs de la campagne de 1812 et de deux ans de captivité en Russie, par J.-J.-E. Roy. Nouvelle édition. — *Tours, A. Mame*, 1863, in-8°. [8° Z. Larrey. **634**
(Le faux titre porte : *Bibliothèque de la jeunesse chrétienne*.)

La Russie en 1812. Rostoptchine et Koutousof, tableau de mœurs et essai de critique historique, par M. J.-H. Schnitzler. Nouvelle édition. — *Paris, Didier*, 1863, in-18. [8° Z. Larrey. **653**

Histoire de Napoléon et de la grande armée, pendant l'année 1812, par M. le général Cte de Ségur. — *Paris, Baudouin frères*, 1824, 2 vol. in-8°.
[8° Z. Larrey. **657**

Napoléon en 1812, mémoires historiques et militaires sur la campagne de Russie, par le Cte Roman Soltyk,... (5 mai 1836.) — *Paris, A. Bertrand*, 1836, in-8°. [8° Z. Larrey. **660**

Cte Léon Tolstoï. Physiologie de la guerre. Napoléon et la campagne de Russie. Traduit du russe par Michel Delines. 4e édition. — *Paris, L. Westhausser*, 1888, in-18.
[8° Z. Larrey. **687**

Relation circonstanciée de la campagne de 1813 en Saxe, par M. le B^{on} d'Odeleben,... Traduit de l'allemand sur la 2e édition par M. Aubert de Vitry. — *Paris, Plancher*, 1817, 2 vol. in-8°. [8° Z. Larrey. **545**

La grande Armée de 1813, par Camille Rousset. (Août 1871.) — *Paris, Didier*, 1871, in-12. [8° Z. Larrey. **632**

Napoléon en Champagne, épisodes de l'invasion de 1814, par M. J.-G. Bordot. — *Paris, librairie centrale de la société de Saint-Victor pour la propagation des bons livres*, 1854, in-12.
[8° Z. Larrey. **211**

Evénements de 1814. Bataille de Paris. Lettres du roi Joseph à l'empereur et de l'empereur au roi Joseph, précédées et suivies de notes historiques, par un ancien officier attaché à l'état-major du roi Joseph. — *Paris, Paulin*, 1844, in-8°. [8° Z. Larrey. **431**

Histoire des campagnes de France en 1814 et 1815, par M. Mortonval,... — *Paris, A. Dupont*, 1826, in-8°.
[8° Z. Larrey. **364**
(Un autre titre porte : *Histoire militaire des Français par campagnes, depuis le commencement de la révolution jusqu'à la fin du règne de Napoléon, revue pour les détails stratégiques par M. le général Beauvais*.— Mortonval est le pseudonyme d'Alexandre-Fursy Guesdon, d'après Quérard.)

Souvenirs sur le prytanée de Saint-Cyr, sur la campagne de 1814, le retour de l'empereur Napoléon de l'île d'Elbe et la campagne de 1815 pendant les cent-jours, par M. Lefol,... — *Versailles, imp. de Montalant-Bougleux*, 1854, in-8°. [8° Z. Larrey. **430**

Histoire des derniers jours de la grande armée, ou Souvenirs, documents et correspondance inédite de Napoléon en 1814 et 1815, par le capitaine Hippolyte de Mauduit,... 2e édition. — *Paris, Dion-Lambert*, 1854, 2 vol. in-8°. [8° Z. Larrey. **469**

De la Bataille et de la capitulation de Paris, extrait d'un essai historique sur le règne de l'empereur Napoléon, suivi de la 2e édition du « Congrès de Châtillon », par Pons (de l'Hérault). — *Paris, Delaforest*, 1828, in-8°.
[8° Z. Larrey. **587**

La Défection de Marmont en 1814, ouvrage suivi d'un grand nombre de documents inédits ou peu connus, d'un précis des jugements de Napoléon Ier sur le maréchal Marmont, d'une notice bibliographique avec extraits de tous les ouvrages publiés sur le même sujet, etc., etc., par RAPETTI. — *Paris, Poulet-Malassis et de Broise*, 1858, in-8°.
[8° Z. Larrey. **598**

Précis historique, militaire et critique des batailles de Fleurus et de Waterloo dans la campagne de Flandres, en juin 1815, de leurs manœuvres caractéristiques et des mouvements qui les ont précédées et suivies, avec une carte pour l'intelligence des marches, par le maréchal de camp BERTON. — *Paris, Delaunay*, 1818, in-8°.
[8° Z. Larrey. **356**

Campagne de 1815. Fragments historiques réunis pour établir le fait de calomnie répandue dans un libelle du général Berthezène, publié en date du 27 mai 1840. (Par le maréchal DE GROUCHY.) — *Paris, imp. de E.-B. Delanchy*, (s. d.,) in-8°. Pièce. [8° Z. Larrey. **361**

Compte rendu dans divers journaux français des observations du maréchal Grouchy sur la relation de la campagne de 1815 publiée par le général Gourgaud. — *(S. l.,)* (s. d.,) in-8°. Pièce.
[8° Z. Larrey. **355**

Campagne de 1815. Fragments historiques. Lettre de M. DULNAS DE SAINT-LÉON,... relative à la mission dont il a été chargé par le maréchal Grouchy, près le général Vandamme, le 28 juin 1815. (1er septembre 1840.) — *Paris, imp. de E.-B. Delanchy*, (s. d.,) in-8°. Pièce. [8° Z. Larrey. **362**

ERCKMANN-CHATRIAN. Waterloo, suite du « Conscrit de 1813 ». 2e édition. — *Paris, J. Hetzel et A. Lacroix*, (s. d.,) in-18. [8° Z. Larrey. **296**

Dernières Observations sur les opérations de l'aile droite de l'armée française à la bataille de Waterloo, en réponse à M. le Mis de Grouchy, par le général GÉRARD,... — *Paris, H. Verdière*, 1830, in-8°. [8° Z. Larrey. **360**

Quelques Documents sur la bataille de Waterloo propres à éclairer la question portée devant le public par M. le Mis de Grouchy, par le général GÉRARD, ... — *Paris, Verdière*, novembre 1829, in-8°. [8° Z. Larrey. **359**

Campagne de 1815, ou Relation des opérations militaires qui ont eu lieu en France et en Belgique pendant les cent-jours, écrite à Sainte-Hélène, par le général GOURGAUD. — *Paris, P. Mongie aîné*, 1818, in-8°.
[8° Z. Larrey. **344**

Fragments historiques relatifs à la campagne de 1815 et à la bataille de Waterloo, par le général GROUCHY. De l'influence que peuvent avoir sur l'opinion les documents publiés par M. le Cte Gérard. — *Paris, Firmin-Didot frères*, 20 novembre 1829, in-8°.
[8° Z. Larrey. **357**

Observations sur la relation de la campagne de 1815 publiée par le général Gourgaud et réfutation de quelques-unes des assertions d'autres écrits relatifs à la bataille de Waterloo, par le maréchal DE GROUCHY. — *Philadelphie, imp. de J.-F. Huriel*, 1818, in-8°.
[8° Z. Larrey. **354**

Relation de la campagne de 1815, dite de Waterloo, pour servir à l'histoire du maréchal Ney, par M. le colonel HEYMÈS, son premier aide de camp, témoin oculaire. (20 juillet 1829.) — *Paris, imp. de Gaultier-Laguionie*, (s. d.,) in-8°. Pièce. [8° Z. Larrey. **358**

Le Drame de Waterloo, grande restitution historique, rectifications, justifications, réfutations, souvenirs, éclaircissements, rapprochements, enseignements, faits inédits et jugements nouveaux sur la campagne de 1815, par l'auteur de la « Grande Epopée de l'an II »... 2e édition. — *Paris, au bureau de la « Revue spiritualiste »*, 1868, in-16. [8° Z. Larrey. **585**
(La préface est signée : Z.-J. PIÉRART.)

Waterloo, par M. A. THIERS. — *Paris, Lheureux*, 1862, in-12.
[8° Z. Larrey. **684**
(Livre soixantième [1er livre du tome XX] de *l'Histoire du consulat et de l'empire.*)

Campagne et bataille de Waterloo, d'après de nouveaux renseignements et des documents complètement inédits, par ACHILLE DE VAULABELLE,... — *Paris, Perrotin*, 1845, in-18.
[8° Z. Larrey. **695**

1815, Ligny-Waterloo, par A. DE VAULABELLE,... — *Paris, Garnier frères*, (s. d.,) gr. in-8°. [4° Z. Larrey. **134**

§ 8.

Hôtel des Invalides.

Chamberet (G. de). — De l'Institution et de l'Hôtel des Invalides, leur origine, leur histoire. Description du tombeau de l'empereur et de l'intérieur de l'Hôtel des Invalides, par G. de Chamberet,... — *Paris, Hannequin fils*, 1854, in-8°.   [8° Z. Larrey. **627**

Dupuis (A.). — Épître aux Invalides... par A. Dupuis,... — *Paris, chez tous les marchands de nouveautés*, 1841, in-8°. Pièce.   [8° Z. Larrey. **630**

Faure - Villar. — Recherches de statistique médicale sur l'Hôtel des Invalides, par M. Faure-Villar,... — *Paris, imp. de H. et C. Noblet*, 1853, in-8°. Pièce.   [8° Z. Larrey. **629**

Gérard (Colonel). — Description de l'Hôtel impérial des Invalides et du tombeau de Napoléon Ier et de son char funèbre, par le colonel Gérard,... 3e édition. — *Paris, Blot*, 1859, in-12.   [8° Z. Larrey. **669**

Gérard (Colonel). — Les Invalides. Grandes éphémérides de l'Hôtel impérial des Invalides, depuis sa fondation jusqu'à nos jours, description du monument et du tombeau de Napoléon Ier, par le colonel Gérard,... — *Paris, H. Plon*, 1862, in-8°.   [8° Z. Larrey. **342**

Hutin (F.). — Fragments historiques et médicaux sur l'Hôtel national des Invalides, par M. F. Hutin,... — *Paris, J.-B. Baillière*, 1851, in-8°.   [8° Z. Larrey. **628**

Notice sur la succursale de l'Hôtel royal des Invalides à Avignon, suivie du « Journal de l'inondation de novembre 1840 », par un militaire invalide. — *Avignon, imp. de Bonnet fils*, 1841, in-8°.   [8° Z. Larrey. **631**

Riveau. — Description de l'Hôtel royal des Invalides, précédée de quelques réflexions historiques sur ce monument depuis sa fondation jusqu'à nos jours... — *Paris, Le Normant*, 1823, in-8°.   [8° Z. Larrey. **626**

(Par Riveau, d'après Barbier.)

Riveau. — Description de l'Hôtel royal des Invalides, précédée de réflexions historiques et suivie de quelques détails sur la translation des cendres et le tombeau de l'empereur Napoléon,... 3e édition. — *Paris, Perrotin*, 1841, in-12.   [8° Z. Larrey. **667**

(Par Riveau, d'après Barbier.)

Saint-Hilaire (Emile Marco de). — L'Hôtel des Invalides, souvenirs intimes du temps de l'empire, par Emile Marco de Saint-Hilaire. — *Paris, Magen et Comon*, 1841, 2 tomes en un vol. in-8°.   [8° Z. Larrey. **639**

§ 9.

Généalogie et famille de Napoléon Ier.

Album de la famille Bonaparte. Reproduction des portraits originaux légués à la ville d'Ajaccio par Madame mère, par Léonard de St-Germain, photographe à Nice, 1866. — (S. l.,) (s. d.,) gr. in-fol.   [Gr. fol. Z. Larrey. **1**

Ambrosini (D.-L.), **Huard** (Adolphe). — La Famille impériale. Histoire de la famille Bonaparte, depuis son origine jusqu'en 1860, par D.-L. Ambrosini et Adolphe Huard,... — *Paris, Lebigre-Duquesne frères*, in-8°.   [8° Z. Larrey. **150**

(Le titre manque.)

Kleinschmidt (Dr Arthur). — Die Eltern und Geschwister Napoleon's I, von Dr Arthur Kleinschmidt,... 2 Auflage. (15 August 1885.) — *Berlin, L. Schleiermacher*, 1886, in-8°.   [8° Z. Larrey. **405**

(Les parents et les frères et sœurs de Napoléon Ier.)

Morali (Damiano). — Storia genealogica della famiglia Bonaparte, dalla sua origine fino all' estinzione del ramo gia esistente nella città di S. Miniato, scritta da un Samminiatese. — *Firenze, tipografia di M. Cecchi*, 1846, in-8°.   [8° Z. Larrey. **492**

(Par Damiano Morali, d'après Melzi.)

Parquin (Mme). — Mémoires sur la famille impériale, par Mlle Cochelet,... (Mme Parquin). — *Paris, Ladvocat*, (s. d.,) 2 tomes en un vol. in-8°.   [8° Z. Larrey. **552**

Raisson (Horace). — Histoire de la famille Bonaparte, de 1260 à 1830, par M. Horace Raisson. (1er juin 1830.) — *Paris, J. Lefebvre,* août 1830, in-16.
[8° Z. Larrey. **596**

Stefani (Federico). — Le Antichità dei Bonaparte, con uno studio storico sulla Marca trivigiana, per Federico Stefani,... Precede una introduzione per Luciano Beretta,... (Marzo 1857.) — *Venezia, co' tipi di G. Cecchini,* 1857, in-fol. [Fol. Z. Larrey. **34**

Thevenot (A.). — Les Tombeaux de St-Leu-Taverny, par A. Thevenot (de la Creuse)... — *Paris, chez les marchands de nouveautés,* 1848, in-8°. Pièce.
[8° Z. Larrey. **572**

Wouters (Félix). — Les Bonaparte depuis 1815 jusqu'à ce jour, par Félix Wouters. — *Bruxelles, Wouters frères,* 1847, in-12. [8° Z. Larrey. **712**

Wouters (Félix). — Histoire de la famille Bonaparte, depuis 1815 jusqu'à ce jour, par Félix Wouters,... 2° édition, revue et augmentée. — *Paris, librairie ethnographique,* 1849, in-8°.
[8° Z. Larrey. **713**

§ 10.

Biographies.

Les Généraux de la révolution (1792-1804), portraits militaires, par le général AMBERT. — *Paris, Bloud et Barral,* (s. d.,) in-8°. [8° Z. Larrey. **149**

Biographies des grands hommes et des personnages remarquables qui ont vécu sous l'empire. — *Paris, E. et V. Renaud frères,* (1852,) gr. in-8°.
[4° Z. Larrey. **43**

Les grands Hommes de la France. Hommes de guerre, première série, par ÉDOUARD GŒPP,... 2° édition... Kléber, Desaix, Hoche, Marceau, Daumesnil. — *Paris, P. Ducrocq,* 1874, in-12.
[8° Z. Larrey. **343**

Madame mère (Napoleonis mater), essai historique, par le Bon LARREY,... — *Paris, E. Dentu,* 1892, 2 vol. in-8°.
[8° Z. Larrey. **418**

The Life and letters of madame Bonaparte, by EUGÈNE L. DIDIER. Third edition. — *London, Sampson Low, Marston, Searle and Rivington,* 1879, in-16.
[8° Z. Larrey. **283**
(Elisabeth Patterson, femme de Jérôme Bonaparte.)

La Cour de Hollande sous le règne de Louis Bonaparte, par un auditeur. — *Paris, Persan,* 1823, in-8°.
[8° Z. Larrey. **337**
(Par ATH. GARNIER, d'après Barbier.)

Mémoires sur la cour de Louis Napoléon et sur la Hollande. — *Paris, Ladvocat,* 1828, in-8°.
[8° Z. Larrey. **338**
(Par LOUIS GARNIER, d'après Barbier.)

(Avis de Me LUCIEN JOTTRAND sur la dette du trésor français envers les fils de Lucien Bonaparte, commençant par ces mots :) A propos de la dette du trésor français... — *Rochefort, imp. de Lambotte-Marot,* (s. d.,) in-4°. Pièce.
[4° Z. Larrey. **55**

TH. IUNG. Lucien Bonaparte et ses mémoires, 1775-1840, d'après les papiers déposés aux archives étrangères et d'autres documents inédits. (11 janvier 1882.) — *Paris, G. Charpentier,* 1882-1883, 3 vol. in-8°.
[8° Z. Larrey. **401**

Le prince Lucien Bonaparte et sa famille... — *Paris, E. Plon, Nourrit et Cie,* 1889, in-8°. [8° Z. Larrey. **591**

Carolina Auguste, die Kaiserin-Mutter, von Dr COELESTIN WOLFSGRUBER,... — *Wien, H. Kirsch,* 1893, in-8°.
[8° Z. Larrey. **709**
(Caroline Auguste, l'impératrice mère.)

Traditions et souvenirs, ou Mémoires touchant le temps et la vie du général Auguste Colbert (1793-1809), par N.-J. COLBERT,... (Mars 1863.) — *Paris, Firmin-Didot frères, fils et Cie,* 1863-1876, 5 vol. in-8°. [8° Z. Larrey. **250**

Désirée, reine de Suède et de Norvége, par le Bon HOCHSCHILD. (Août 1888.) — *Paris, E. Plon, Nourrit et Cie,* 1888, in-16. [8° Z. Larrey. **373**

Le prince Eugène, par EUGÈNE FOURMESTRAUX. — *Paris, P. Dupont,* 1867, in-8°. [8° Z. Larrey. **327**

Le général de Grouchy et l'Irlande en 1796, par feu le général de division sénateur Mis DE GROUCHY. — *Paris, F. Henry,* 1866, in-12. [8° Z. Larrey. **352**

La reine HORTENSE en Italie, en France et en Angleterre pendant l'année 1831, fragments extraits de ses mémoires inédits, écrits par elle-même. (22 septembre 1833.) — *Paris, A. Levavasseur*, 1834, in-8°.
[8° Z. Larrey. **170**

La reine HORTENSE en Italie, en France et en Angleterre pendant l'année 1831, fragments de ses mémoires inédits, écrits par elle-même. (22 septembre 1833.) — *Paris, A. Bourdilliat*, 1861, in-18. [8° Z. Larrey. **171**

Mémoires sur la reine Hortense, mère de Napoléon III. — *Paris, Dupray de La Mahérie*, 1863, in-8°.
[8° Z. Larrey. **279**
(Par CHARLES-BERNARD DEROSNE, d'après Lorenz.)

La Reine Hortense, par EUGÈNE FOURMESTRAUX. 8° édition. (10 décembre 1863.) — *Paris, P. Dupont*, 1867, in-8°.
[8° Z. Larrey. **328**

Mémoires sur la reine Hortense et la famille impériale, par Mlle Cochelet (Mme PARQUIN). 2° édition. — *Paris, Ladvocat*, 1841-1842, 4 tomes en 2 vol. in-8°. [8° Z. Larrey. **553**

Mémoires sur la reine Hortense, aujourd'hui duchesse de Saint-Leu, recueillis et publiés par le B^on VAN SCHEELTEN. — *Paris, U. Canel*, 1833, 2 tomes en un vol. in-8°. [8° Z. Larrey. **694**

Cte HENRY D'IDEVILLE. La Ctesse de Lavallette (Emilie de Beauharnais) et l'hôtel de la rue de La Rochefoucauld (vieilles maisons et jeunes souvenirs). (22 juin 1886.) — *Paris, H. Champion*, 1886, in-8°. [8° Z. Larrey. **382**

Mme Lavallette, nièce de Joséphine,... par M. MERCIER,... — *Paris, Ledoyen*, 1839, in-8°. [8° Z. Larrey. **478**

Histoire du général Moreau, surnommé le Grand Capitaine, avec les particularités les plus secrètes de son procès, de son retour d'Amérique, sa mort, etc., par A.-H. CHATEAUNEUF. — *Paris, L.-G. Michaud*, 1814, in-12.
[8° Z. Larrey. **241**

Mémoires sur les événements qui ont précédé la mort de Joachim Ier, roi des Deux-Siciles, par FRANCESCHETTI,... suivis de la correspondance privée de ce général avec la reine, Ctesse de Lipano. — *Paris, Baudouin frères*, 1826, in-8°.
[8° Z. Larrey. **331**

Un Murat inconnu, par os. B^on DE WATTEVILLE,... — *Paris, E. Lechevalier*, 1894, in-8°. Pièce. [8° Z. Larrey. **707**
(Extrait de la *Revue de la France moderne*, 1894.)

Notice historique sur A.-M.-L. Willaume, ancien chirurgien principal d'armée et 1er professeur à l'hôpital d'instruction de Metz, président d'honneur à vie de la Société des sciences médicales de la Moselle, membre correspondant de l'Académie de médecine, par M. ISNARD,... (Extrait de l' « Exposé des travaux de la Société des sciences médicales du département de la Moselle », année 1862-1863.) — *Metz, imp. de J. Verronnais*, 1863, in-8°.
[8° Z. Larrey. **394**

Discours prononcé aux obsèques de M. Ambroise Willaume, ancien chirurgien en chef de l'hôpital militaire de Metz... par M. le Bon LARREY, chirurgien ordinaire de l'empereur, inspecteur, membre du conseil de santé des armées, président de l'Académie impériale de médecine, au nom du corps des officiers de santé militaires, le 22 mars 1863. (Extrait du « Recueil de mémoires de médecine, de chirurgie et de pharmacie militaires », tome IX, page 248.) — *Paris, V. Rozier*, 1863, in-8°. Pièce. [8° Z. Larrey. **395**

§ 11.

Napoléon II.

Aury (Victorien). — Un Roi sans trône. (Signé : Victorien Aury.) — In-8°. Pièce. [8° Z. Larrey. **649**
(Le roi de Rome. — Article détaché du *Saint-Nicolas*, journal illustré, n° du 1er mars 1894.)

Chopin (J.-M.), **Leynadier** (C.). — Histoire du roi de Rome (duc de Reichstadt), par J.-M. Chopin,... suivie de l'histoire des maréchaux de France, par C. Leynadier,... — *Paris, P.-H. Krabbe*, 1851, 2 vol. gr. in-8°.
[4° Z. Larrey. **85**

Franc-Lecomte (P.). — Histoire de Napoléon II, né roi de Rome, mort duc de Reichstadt, par P. Franc-Lecomte,... faisant suite à toutes les histoires de Napoléon. Magnifique édition, splendidement illustrée par T. Johannot, Fragonnard, Bourdet. — *Paris, administration de librairie*, 1842, in-8°.
[8° Z. Larrey. **330**

Guy, de l'Hérault. — Histoire de Napoléon II, roi de Rome, par M. Guy, de l'Hérault, suivie du testament politique de l'empereur Napoléon Ier (manuscrit revenu de Sainte-Hélène). — *Paris, H. Morel*, 1853, in-8°.
[8° Z. Larrey. **366**

Lassailly. — Poésies sur la mort du fils de Bonaparte, par M. Lassailly. — *Paris, E. Renduel*, 1832, in-8°. Pièce.
[8° Z. Larrey. **571**

Méry, Barthélemy. — Le Fils de l'homme, ou Souvenirs de Vienne, par Méry et Barthélemy, suivi du procès, avec la défense en vers par Barthélemy. — *Bruxelles, Le Charlier*, 1829, in-12. [8° Z. Larrey. **479**

Méry, Barthélemy. — Le Fils de l'homme, ou Souvenirs de Vienne, par Méry et Barthélemy. — *Bruxelles, chez les marchands de nouveautés*, 1829, in-8°. Pièce. [8° Z. Larrey. **570**

Prokesch-Osten (Cte de). — Mes Relations avec le duc de Reichstadt, par le Cte de Prokesch-Osten,... mémoire posthume, traduit de l'allemand. (Août 1876.) — *Paris, E. Plon*, 1878, in-18. [8° Z. Larrey. **592**
(Traduit par A. de Prokesch-Osten.)

Suzor (Cte P. de). — Histoire populaire et complète de Napoléon II, duc de Reichstadt, publiée d'après des documents authentiques. — *Paris, Marescq*, 1832, in-12. [8° Z. Larrey. **673**
(Par le Cte P. de Suzor, d'après Barbier. — Le faux titre porte : *Souvenirs de Paris et de Vienne*.)

Vie de Napoléon II, contenant tous les événements remarquables de son existence mystérieuse, depuis sa naissance, son séjour en Autriche, jusqu'à sa mort... — *Paris, J.-M. Verney*, 1832, in-18. [8° Z. Larrey. **697**

Watteville (Bon Oscar de). — Comment le Roi de Rome devint duc de Reichstadt, par le Bon Osc. de Watteville. — *Paris, E. Lechevalier*, 1890, in-8°. Pièce. [8° Z. Larrey. **705**
(La couverture imprimée porte en plus : *Extrait de la « Revue de la France moderne »*, mai 1890.)

§ 12.

Napoléon III.

Adam (Charles). — La Guerre d'Italie, histoire complète des opérations militaires dans la péninsule, rédigée d'après le « Moniteur », les pièces officielles, les correspondances particulières et des documents inédits, et précédée d'un exposé des faits qui ont amené les hostilités... par Charles Adam,... — *Paris, librairie populaire des villes et des campagnes*, 1860, in-8°.
[8° Z. Larrey. **145**

Baillehache (Marcel de). — Marcel de Baillehache. Souvenirs intimes d'un lancier de la garde impériale. — *Paris, P. Ollendorff*, 1894, in-16.
[8° Z. Larrey. **157**

Bailliencourt (Général de). — Italie, 1852-1862. Feuillets militaires. Souvenirs, notes et correspondances du général de Bailliencourt. — *Paris, Firmin-Didot*, 1894, in-12.
[8° Z. Larrey. **159**

Balmain-Domenget (Virginie). — A Son Altesse impériale le prince Louis Napoléon. (Signé : Virginie Balmain-Domenget.) — *Chambéry, imp. de A. Pouchet*, (s. d.,) in-8°. Pièce.
[8° Z. Larrey. **573**

Baptême et dénombrement. — *Paris, imp. de A. Bourdilliat*, (s. d.,) in-8°. Pièce. [8° Z. Larrey. **577**
(Chant II.)

Beaumont-Vassy (Vte de). — Histoire intime du second empire, par le Vte de Beaumont-Vassy. — *Paris, Sartorius*, 1874, in-12. [8° Z. Larrey. **172**

Belmontet (Louis). — Poésie de l'empire français, par Louis Belmontet,... (5 mai 1853.) — *Paris, Imp. impériale*, 1853, in-8°. [8° Z. Larrey. **178**

Bonaparte (Napoléon-Joseph-Charles-Paul). — Rapport sur l'Exposition universelle de 1855, présenté à l'empereur par S. A. I. le prince Napoléon,... — *Paris, Imp. impériale*, 1857, gr. in-8°.
[4° Z. Larrey. **118**

Bonaparte (Pierre-Napoléon). — Le 2 Avril. — *Rochefort, imp. de Lambotte*, (s. d.,) gr. in-8°. Pièce.
[4° Z. Larrey. **46**
(Par Pierre-Napoléon Bonaparte.)

Bonaparte (Pierre-Napoléon). — Egaillons-nous ! (Signé : P.-N. B. (Bonaparte). [19 juillet 1870.]) — *Sceaux, imp. de E. Dépée*, (s. d.,) gr. in-8°. Pièce.
[4° Z. Larrey. **52**

Bonaparte (Pierre-Napoléon). — Lettre du prince Pierre-Napoléon Bonaparte à M. Crémieux, ancien membre du gouvernement provisoire de la république française. (17 novembre 1868.) — *(S. l.,)* (s. d.,) in-4°. Pièce.
[4° Z. Larrey. **54**

Bonaparte (Pierre-Napoléon). — Max et Charlotte, ou la Nuit du 19 juin 1867. (15 juillet 1867.) — *Sceaux, imp. de E. Dépée,* 1867, gr. in-8°. Pièce.
[4° Z. Larrey. **51**

(Par Pierre-Napoléon Bonaparte.)

Bonaparte (Pierre-Napoléon). — Napoléon III, sauveur de l'Italie. (Signé : Pierre-Napoléon Bonaparte.) — *Sceaux, imp. de E. Dépée,* 1866, in-16. Pièce.
[4° Z. Larrey. **49**

Bré (Charles de). — Charles de Bré. Le Roman du prince impérial. — *Paris, A. Savine,* 1887, in-12.
[8° Z. Larrey. **217**

Bretin (Martial). — Napoléon III, poésies, par M. Martial Bretin,... Deuxième partie. — *Lyon, imp. de A. Vingtrinier,* 1854, in-12. [8° Z. Larrey. **218**

Campagne de l'empereur Napoléon III en Italie, 1859. Atlas des champs de bataille, rédigé au dépôt de la guerre d'après les documents officiels... — *Paris, Imp. impériale,* 1860-1861, gr. in-fol. [Gr. fol. Z. Larrey. **5**

Campagne de l'empereur Napoléon III en Italie, 1859. Atlas des marches, indiquant jour par jour les positions respectives des armées belligérantes, rédigé au dépôt de la guerre, d'après les documents officiels... — *Paris, Imp. impériale,* 1860-1861, gr. in-fol. [Gr. fol. Z. Larrey. **6**

Chenu (Dr J.-C.). — Statistique médico-chirurgicale de la campagne d'Italie en 1859 et 1860, service des ambulances et des hôpitaux militaires et civils, par le Dr J.-C. Chenu,... — *Paris, Dumaine,* 1869, 2 vol. de texte, avec atlas in-fol. [Fol. Z. Larrey. **24**

Darimon (Alfred). — La Maladie de l'empereur, avec des pièces et des documents nouveaux, par M. Alfred Darimon,... — *Paris, E. Dentu,* 1886, in-16.
[8° Z. Larrey. **269**

Develey (J.). — Les Impériales, odes, par J. Develey. (6 novembre 1854.) — *Paris, Garnier frères,* 1855, in-16.
[8° Z. Larrey. **282**

Dunant (J.-Henry). — Un Souvenir de Solférino, par J.-Henry Dunant. — *Genève, imp. de J.-G. Fick,* 1862, gr. in-8°.
[4° Z. Larrey. **93**

Granier de Cassagnac (A.), **Cassagnac** (Paul de). — Granier de Cassagnac, Paul de Cassagnac. Histoire populaire illustrée de l'empereur Napoléon III. (1er mars 1874.) — *Paris, E. Lachaud,* (s. d.,) 2 tomes en un vol. gr. in-8°.
[4° Z. Larrey. **97**

Granier de Cassagnac (A.). — Souvenirs du second empire, par A. Granier de Cassagnac,... (Mars 1879.) — *Paris, E. Dentu,* 1879-1881, in-12.
[8° Z. Larrey. **350**

Ire partie. La présidence et le coup d'État.
IIe partie. L'établissement de l'empire, le mariage, la guerre de Crimée.

Guerre (La) d'Italie. Récit illustré de la campagne de 1859, supplément aux n°s 218-232 du « Journal pour tous ». — *Paris, L. Hachette,* 1859, gr. in-8°.
[4° Z. Larrey. **101**

Guirondet (Louis). — Napoléoniennes et poésies diverses, par Louis Guirondet,... (29 décembre 1860.) — *Villefranche, P. Dufour,* 1862, in-8°.
[8° Z. Larrey. **574**

Hérisson (Cte d'). — Le Prince impérial (Napoléon IV), par le Cte d'Hérisson. 4e édition. — *Paris, P. Ollendorff,* 1890, in-12. [8° Z. Larrey. **368**

Histoire de la guerre d'Italie. — *Paris, imp. de Gaittet,* (s. d.,) gr. in-8°.
[4° Z. Larrey. **102**

Histoire populaire illustrée de l'armée d'Italie. (1er octobre 1859.) — *Paris, 34, rue St-Marc,* (s. d.,) gr. in-8°.
[4° Z. Larrey. **99**

Joliet (Charles). — Charles Joliet. L'Envers d'une campagne. Italie, 1859. — *Paris, A. Lacroix, Verboeckhoven et Cie,* 1866, in-12. [8° Z. Larrey. **403**

Journal du camp de Châlons-sur-Marne en 1857, publié par ordre de l'empereur. — *Paris, Imp. impériale,* 1858, gr. in-8°. [4° Z. Larrey. **104**

Jubinal (Achille). — La France à Napoléon III (à propos de l'attentat). (Signé : Achille Jubinal.) — *Paris, imp. de P. Dupont,* (s. d.,) in-8°. Pièce.
[8° Z. Larrey. **576**

La Bédollière (Emile de). — Emile de La Bédollière. Histoire de la guerre d'Italie, illustrations de Janet-Lange,... — *Paris, G. Barba,* (s. d.,) 2 fascicules gr. in-8°.
[4° Z. Larrey. **100**

Lacoin (P.). — Rapport à l'empereur sur l'exposition internationale de pêche et d'aquiculture d'Arcachon... (Signé : P. Lacoin.) — *Paris, imp. de E. Panckoucke,* 1867, in-4°. Pièce.
[4° Z. Larrey. **105**

La Guéronnière (Vte A. de). — Napoléon III, portrait politique, par le Vte A. de La Guéronnière. 3e édition. — *Paris, Amyot,* 1853, in-12.
[8° Z. Larrey. **410**

La Guéronnière (A. de). — Portraits politiques contemporains, par A. de La Guéronnière. I. Napoléon III. — *Paris, Amyot,* 1853, in-12.
[8° Z. Larrey. **411**

Lano (Pierre de). — Le Secret d'un empire. L'empereur (Napoléon III), par Pierre de Lano. (Février 1893.) — *Paris, V. Havard,* 1893, in-12.
[8° Z. Larrey. **415**

Laurent (F.). — Voyage de Sa Majesté Napoléon III, empereur des Français, dans les départements de l'est, du centre et du midi de la France, par F. Laurent,... (1er janvier 1853.) — *Paris, imp. de S. Raçon,* 1853, in-8°.
[8° Z. Larrey. **428**

Lenglé (Paul). — Le Neveu de Bonaparte, souvenirs de nos campagnes politiques avec le prince Napoléon Bonaparte (1879-1891), par Paul Lenglé. 2e édition. — *Paris, Ollendorff,* 1893, in-12.
[8° Z. Larrey. **437**

Mansfeld (Albert). — Napoléon III, par Albert Mansfeld. Traduit de l'allemand... — *Paris, au bureau de la souscription nationale pour la propagation de cet ouvrage,* 1860, 2 tomes en un vol. gr. in-8°.
[4° Z. Larrey. **111**

Marc (Aug.). — Voyage de Leurs Majestés impériales dans le sud-est de la France, en Corse et en Algérie, 1860. Dessiné et gravé... d'après les notes et croquis de M. Aug. Marc. — *Paris, l'Illustration,* in-fol.
[Département des estampes. Qe. **36****

Marchal (Charles). — Histoire de la guerre d'Italie, documents et rapports officiels, relation complète des faits, proclamations, ordres du jour, rapports, biographies des souverains et généraux, ouvrage rédigé d'après les rapports des officiers supérieurs, par M. Ch. de Bussy,... et suivi des traités de 1815. — *Paris, Gaittet,* 1859, in-8°.
[8° Z. Larrey. **460**
(Ch. de Bussy est le pseudonyme de Charles Marchal.)

Mayer (P.). — Histoire du Deux Décembre, par P. Mayer. 7e édition, entièrement conforme au texte original de 1851 et précédée d'une préface nouvelle. (25 janvier 1869.) — *Paris, E. Dentu,* 1869, in-12. [8° Z. Larrey. **470**

Méry. — Méry. Napoléon en Italie. — *Paris, A. Bourdilliat,* 1859, gr. in-8°.
[4° Z. Larrey. **112**

Monod (Edouard). — Edouard Monod (Roger Delorme). A l'auteur de la « Vie de César ». (1er mars 1865.) — *Paris, E. Dentu,* 1865, in-8°. Pièce.
[8° Z. Larrey. **579**

Napoléon III. — Fragments historiques, 1688 et 1830, par le prince Napoléon-Louis Bonaparte. 2e édition. (10 mai 1841.) — *Paris, administration de librairie,* 1841, in-8°.
[8° Z. Larrey. **529**

Napoléon III. — Histoire de Jules César. (20 mars 1862.) — *Paris, Imp. impériale,* 1865, 2 vol. in-fol.
[Fol. Z. Larrey. **30**

1865-1866. — *Paris, H. Plon,* 2 vol. gr. in-8°. [4° Z. Larrey. **115**

Napoléon III. — Des Idées napoléoniennes, par le prince Napoléon-Louis Bonaparte. (Juillet 1839.) — *Paris, Paulin,* 1839, in-8°.
[8° Z. Larrey. **530**

Napoléon III. — Lettre sur la politique de la France en Algérie, adressée par l'empereur au maréchal de Mac-Mahon, duc de Magenta, gouverneur général de l'Algérie. (20 juin 1865.) — *Paris, Imp. impériale,* 1865, gr. in-8°.
[4° Z. Larrey. **116**

Napoléon III. — Œuvres de Louis-Napoléon Bonaparte, publiées par M. Charles-Edouard Temblaire. (Novembre 1848.) — *Paris, librairie napoléonienne*, 1848, in-8°.
[8° Z. Larrey. **531**

(Tomes I et II.)

Napoléon III. — Œuvres posthumes et autographes inédits de Napoléon III en exil, recueillis et coordonnés par le Cte de La Chapelle, collaborateur des derniers travaux de l'empereur à Chislehurst. Histoire et plan de la campagne de 1870, principes politiques, travaux scientifiques, manuscrits, lettres autographiées, annotations de la main de S. M. l'empereur. (Avril 1873.) — *Paris, E. Lachaud*, 1873, gr. in-8°.
[4° Z. Larrey. **117**

Napoléon III. — La Politique impériale exposée par les discours et proclamations de l'empereur Napoléon III, depuis le 10 décembre 1848 jusqu'en février 1868. — *Paris, H. Plon*, 1868, in-8°.
[8° Z. Larrey. **532**

Napoléon III et les médaillés de Sainte-Hélène. — *Paris, E. Dentu*, 1861, in-12.
[8° Z. Larrey. **540**

Nerini (Rosalia). — All' Armata francese. Omaggio di Rosalia Nerini, nata de' conti Didier della Motta,... — *Torino, tipografia di Calpini e Cotta*, 1859, in-8°.
[8° Z. Larrey. **543**

Paban (Adolphe). — Bataille de Solférino (24 juin 1859). (Signé : Adolphe Paban. [28 juin 1859.]) — *Bayeux, imp. de St-Ange Duvant*, (s. d.,) in-8°. Pièce.
[8° Z. Larrey. **578**

Papiers et correspondance de la famille impériale, édition collationnée sur le texte de l'Imprimerie nationale. — *Paris, Garnier frères*, 1871, 2 vol. in-12.
[8° Z. Larrey. **550**

Paulin (Victor). — Guerre d'Italie en 1859. Tableau historique, politique et militaire, par Victor Paulin. Illustré de 265 gravures sur bois... — *Paris, librairie de « l'Illustration »*, 1859, in-fol.
[Département des estampes. Qe. **36***

Penguilly L'Haridon (O.). — Catalogue des collections du cabinet d'armes de S. M. l'empereur, par O. Penguilly L'Haridon,... — *Paris, Imp. impériale*, 1867, in-12.
[8° Z. Larrey. **556**

Pharaon (Florian). — Voyage en Algérie de Sa Majesté Napoléon III, par Florian Pharaon, illustré par A. Darjou. — *Paris, H. Plon*, 1865, in-fol. oblong.
[Fol. Z. Larrey. **26**

Pick (Eugène). — Les Gloires, triomphes et grandeurs de la France impériale, véritable musée national du peuple et de l'armée, par Eugène Pick,... avec la collaboration d'hommes de lettres et d'écrivains militaires... — *Paris, à la grande librairie napoléonienne*, 1864, in-12.
[8° Z. Larrey. **581**

Redarez Saint-Remy (Jules-Henry). — Ode à Napoléon III, empereur des Français, par Jules-Henry Redarez Saint-Remy,... — *Paris, imp. d'Aubusson et Kugelmann*, 1854, in-8°. Pièce.
[8° Z. Larrey. **575**

Relation générale des cérémonies relatives au mariage de Sa Majesté l'empereur Napoléon III avec Son Excellence Mlle Eugénie de Gusman, Ctesse de Teba. — *Paris, Imp. impériale*, 1853, in-4°.
[4° Z. Larrey. **125**

Ribeyre (Félix). — Voyage de S. M. l'impératrice en Corse et en Orient, par Félix Ribeyre,... — *Paris, E. Pick*, (s. d.,) in-8°.
[8° Z. Larrey. **624**

Ribeyre (Félix). — Voyage en Lorraine de Sa Majesté l'impératrice et de S. A. I. le prince impérial, précédé du voyage de S. M. l'impératrice à Amiens. — *Paris, Plon*, (1866,) in-fol. oblong.
[Département des estampes. Qe. **36*****

Saint-Albin (Philippe de), **Durantin** (Armand). — Domaine de la couronne. Palais de Saint-Cloud, résidence impériale, par MM. Philippe de Saint-Albin,... et Armand Durantin. — *Paris, librairie centrale*, 1864, in-8°.
[8° Z. Larrey. **635**

Vachon (Marius). — Marius Vachon. Le Château de Saint-Cloud, son histoire et son incendie en 1870. Inventaire des œuvres d'art détruites. — *Paris, A. Quantin*, (s. d.,) in-12.
[8° Z. Larrey. **690**

Visites et études de S. A. I. le prince Napoléon au Palais des Beaux-Arts, ou description complète de cette exposition (peinture, sculpture, gravure, architecture), avec la liste des récompenses, suivies des visites du prince aux produits collectifs des nations qui ont pris part à l'Exposition de 1855. — *Paris, H. et C. Noblet*, 1856, in-12.
[8° Z. Larrey. **699**

Visites et études de S. A. I. le prince Napoléon au Palais de l'Industrie, ou Guide pratique et complet à l'Exposition universelle de 1855, comprenant les vingt-sept classes de l'industrie. — *Paris, Perrotin*, 1855, in-12.
[8° Z. Larrey. **698**

Voyage de Leurs Majestés en Algérie (septembre 1860)... — *Paris, au bureau de « l'Illustration »*, (s. d.,) gr. in-8°. Pièce. [4° Z. Larrey. **137**

Voyage de Leurs Majestés l'empereur et l'impératrice dans les départements de l'Ouest... Août 1858. — *Paris, imp. de Firmin-Didot*, in-fol.
[Département des estampes. Qe. **36***

§ 13.

Mélanges.

Almanach des dames. — *(S. l.,)* (s. d.,) in-12.   [8° Z. Larrey. **299**
, (Précédé de : *Calendrier pour l'an 1808.*)

Barral (Georges). — Histoire des sciences sous Napoléon Bonaparte, par Georges Barral. (5 mai 1889.) — *Paris, A. Savine*, 1889, in-12.
[8° Z. Larrey. **166**

Bonaparte (Louis). — Odes. — *Lausanne, imp. de Hignou*, 1814, in-8°.
[8° Z. Larrey. **189**
(Par Louis Bonaparte, ex-roi de Hollande, d'après une note manuscrite confirmée par Barbier.)

Bonaparte (Lucien). — Charlemagne, ou l'Eglise délivrée, poème épique en 24 chants, par Lucien Bonaparte,... tome Ier. — *Londres, Longmann*, 1814, in-4°. [4° Z. Larrey. **44**

Bonaparte (Pierre-Napoléon). — A la Mort du jeune prince Antoine de Hohenzollern-Sigmaringen. (Signé : P.-N. B. [Bonaparte].) — *Aix, imp. de Bachet*, (s. d.,) in-8°. Pièce.
[4° Z. Larrey. **50**

Bonaparte (Pierre-Napoléon). — (Affiche électorale du prince Pierre-Napoléon Bonaparte, de l'année 1876, commençant par ces mots :) Corses, mes chers concitoyens, votre ancien représentant à l'assemblée nationale constituante... — *(S. l.,)* (1876,) in-4°. Pièce. [4° Z. Larrey. **53**

Bonaparte (Pierre-Napoléon). — La Bataille de Calenzana, 14 janvier 1732. (22 septembre 1864.) — *Paris, imp. de H. Plon*, 1864, in-4°.
[4° Z. Larrey. **56**
(La préface est signée : *Pierre-Napoléon Bonaparte.*)

Bonaparte (Pierre-Napoléon). — Le Rondeau des braconniers, inséré dans mon drame intitulé : « le Cte de Chiny ». — *(S. l.,)* (1861,) in-4°. Pièce.
[4° Z. Larrey. **47**
(Par le prince Pierre-Napoléon Bonaparte.)

Bonaparte (Pierre-Napoléon). — Sampiero, légende corse, par le prince Pierre-Napoléon Bonaparte, traduite de l'italien par l'auteur et précédée d'une lettre de Lamartine. — *Paris, imp. de P. Dupont*, 1861, gr. in-8°. Pièce.
[4° Z. Larrey. **45**
(Texte italien en regard de la traduction française.)

Bonaparte (Roland). — Prince Roland Bonaparte. Une Excursion en Corse. — *Paris, imprimé pour l'auteur*, 1891, in-4°. [4° Z. Larrey. **57**

Code Napoléon. Edition originale et seule officielle. — *Paris, Imp. impériale*, 1810, in-8°. [8° Z. Larrey. **248**

Coffinières (A.-S.-G.). — Le Code Napoléon expliqué par les décisions suprêmes de la cour de cassation et du conseil d'Etat, ouvrage dans lequel se trouvent classés par ordre alphabétique et par ordre de dates : 1° les arrêts de la cour de cassation, 2° les décrets impériaux, 3° les décisions ministérielles, 4° les avis du conseil d'Etat rendus jusqu'à ce jour sur le Code Napoléon, avec l'indication des articles de ce code auxquels ils se rapportent... par A.-S.-G. Coffinières... — *Paris, Garnery*, 1809, in-4°. [4° Z. Larrey. **86**

Etrennes du jeune âge divisées en quatre parties, contenant les compliments du nouvel an et les bouquets de famille pour les fêtes en vers et en chansons. Nouvelle édition, revue et augmentée. — *Paris, Langlois*, 1810, in-12. [8° Z. Larrey. **298**

Galletti (Abbé Jean-Ange). — Histoire illustrée de la Corse, contenant environ trois cents dessins représentant divers sujets de géographie et d'histoire naturelle, les costumes anciens et modernes, les usages, les superstitions, les vues des paysages et des monuments, les plans des golfes, des anses et des ports... des vignettes de faits historiques et les portraits des hommes célèbres, avec leurs biographies, par l'abbé Jean-Ange Galletti. — *Paris, imp. de Pillet fils aîné*, 1863, in-4°.
[4° Z. Larrey. **96**

(Texte incomplet.)

Lafolie (Ch.-J.). — Histoire de l'administration du royaume d'Italie pendant la domination française... par M. Frédéric Coraccini, traduite de l'italien. — *Paris, Audin*, 1823, in-8°.
[8° Z. Larrey. **409**

(Fréd. Coraccini est le pseudonyme de Ch.-J. Lafolie, d'après Barbier.)

Lenoir (Alexandre). — Musée impérial des monuments français, histoire des arts en France et description chronologique des statues en marbre et en bronze, bas-reliefs et tombeaux des hommes et femmes célèbres qui sont réunis dans ce musée, par Alexandre Lenoir,... — *Paris, Hacquart*, 1810, in-8°.
[8° Z. Larrey. **438**

Lescure (De). — Le Château de la Malmaison, histoire, description, catalogue des objets exposés sous les auspices de Sa Majesté l'impératrice, par M. de Lescure,... — *Paris, H. Plon*, (1867,) in-12.
[8° Z. Larrey. **440**

L'Espinasse de Langeac (Le chevalier de). — Essai d'instruction morale, où les Devoirs envers Dieu, le prince et la patrie, la société et soi-même, à l'usage des jeunes gens élevés dans une monarchie et plus particulièrement des jeunes Français. — *Paris, Brunot-Labbé*, 1812, 2 vol. in-4°.
[4° Z. Larrey. **110**

(Par M. le chevalier de L'Espinasse de Langeac, d'après Barbier.)

Mazas (Alex.). — La Légion d'honneur, son institution, sa splendeur, ses curiosités, par Alex. Mazas,... — *Paris, Dentu*, 1854, in-8°.
[8° Z. Larrey. **471**

(Mémoires pour servir à l'histoire de France, de 1802 à 1815.)

Mémorial topographique et militaire rédigé au dépôt général de la guerre, imprimé par ordre du ministre. N° I. Topographie. IIIᵉ trimestre de l'an IX. — *Paris, imp. de la république*, vendémiaire an XI, in-8°.
[8° Z. Larrey. **474**

(Exemplaire provenant de la bibliothèque de la Malmaison.)

Mickiewicz. — Traduction libre du « Do Matki Polki » de Mickiewicz. (Signé : P.-N. B. [Pierre-Napoléon Bonaparte.]) — *Paris, imp. de P. Dupont*, 1864, in-8°. Pièce. [4° Z. Larrey. **48**

Percy, Willaume. — Mémoire couronné par la Société des sciences, belles-lettres et arts de Mâcon, en 1812, sur la question suivante : Les anciens avaient-ils des établissements publics en faveur des indigents, des enfants orphelins ou abandonnés, des malades et des militaires blessés, et s'ils n'en avaient point, qu'est-ce qui en tenait lieu ? par M. Percy,... et par M. Willaume,... — *Paris, Méquignon aîné, père*, 1813, in-8°. [8° Z. Larrey. **396**

Picot (J.-B.-C.). — Catéchisme du Code Napoléon, ouvrage destiné par la forme nette, claire et saisissante usitée dans l'enseignement des principes de la religion, à vulgariser la connaissance des lois françaises, par J.-B.-C. Picot,... — *Paris, E. Pick*, 1861, in-12.
[8° Z. Larrey. **582**

Revue de la France moderne. — *Paris, 39, boulevard des Capucines*, in-8°.
[8° Z. Larrey. **621**

(N° d'avril 1894, contenant un article de M. Hippolyte Buffenoir sur les maisons d'éducation de la Légion d'honneur.)

BIBLIOTHEQUE NATIONALE DE FRANCE
3 7531 01089145 6

9 782013 695015